「多様性時代」の人権感覚

実例に学ぶ人権ノート

澤田省三

花伝社

はじめに

現代は文字どおりいろいろな「人権」の受難時代といってよいと思います。毎日の新聞やテレビ、その他マスコミの報道を見れば誰でも納得できるでしょう。「人権」の理解は、歴史が進めばそれに応じて進化するのが当然のように思われますが、現実の社会の動きを見ていると必ずしもそうではなさそうです。

日本における現状は、むしろ時代が進むとともに「人権」はその侵害事例が多様化・先鋭化しているように思います。その原因の1つには、多くの国民が「人権」の理解と擁護という視点で社会を観ることに積極的姿勢を見せないということがあると思います。積極的姿勢を見せないということは、そもそも「人権」そのものに無関心派が多いということもあるでしょう。

もちろん最近は、ジェンダー平等をめぐる具体的問題などの続発に連動して、国民の意識の変化も見られるようになってきました。しかし、根本的には日本における「人権」の歴史には、人権先進国と異なり、国民自らが人権を勝ち取ったという要素はそう多くはありません。もしそのような見方が間違っていなければ、人権先進国の国民が人権獲得のために血と汗を流した努力の実質を理解して、その経験を知識として共有し経験に迫る努力が求められることになります。

「人権」とは、時代の進展によりその内容にも当然に変化があり得ます。そして、それは世界的に普遍的なものとして存在します。人権を学ぶことの必要性は、この「人権」が世界的に共通の普遍的原理（事柄）であることの認識・理解がまずもって求められることになると思います。

人が人らしく平穏に日々の生活を送ることについて、正当な理由なく、誰からも妨害や不当な批判にさらされないことは、「人権」の基本的理念の1つです。あの人は「人権感覚」が素晴らしいというようなことを聞くことがありますが、そこでいう「人権感覚」とは、極めて単純なことですが、「最低限、人の嫌がることを言わない。人の嫌がることをしない」に徹することと言って良いでしょう。それは一見理想のようにも見えますが、「憲法の基本理念」でもあると言えます。1人でも多くの人が、憲法的知識はともかくとして、そのような生活上の行為の「物差し」を持つことに努めることで、世の中は随分変わった風景になるのではないでしょうか。

とはいえ、イスラエルとハマスの戦闘により連日伝えられる無辜の市民や幼い子どもたちが命を落とし、重大な傷害を加えられているなどの阿鼻叫喚の映像を見ていると、これらの人々にとっては「人権」以前の「人間としての存在そのもの」が否定されるという事態を招いており、こうして日本における人権問題を論じようとしていること自体が虚しく感じざるを得ません。戦争がいかなる原因で勃発したにせよ、そこでの「殺人行為」が正当化されることはなく、人命を超えるものなど存在しないことを私たちは声を大にして主張すべきではないでしょうか。

ところで筆者はもちろん憲法学者ではありませんし、「人権」を専門的に研究した者でもありません。ただ、法務省に在職中のある時期に「人権侵犯事件」の調査処理を行うセクションの責任者の立場を経験したこともあり、そこで実に多くの人権問題に直面するという貴重な経験をしました。そうした中で、日本人の「人権感覚」のありようについていろいろと思いを馳せたこともあり、また1人の人間として「人権」問題に身の丈相応に関心を持っていました。そうした経験と考えをもとに、現実の日本社会で起きている人権問題の中からごく一部を取り上げ、「人権問題」の事件がどのような問題を含んでいるのか、それらを解決するために何が問われているのかなど、「人権問題」への向き合い方を共に学んでいきたいと思います。

読者の皆さんが本書で紹介した事件を読みながら「**これは許せない**」という気持ちを持ったとしたら、それは立派な「人権感覚」を備えている証左だと思います。少しでも住みよい明るい社会にするために、1人1人が人権感覚を磨くことがいかに重要であるかを、具体的な事件の分析や判例を通して学んでいきたいと思います。

「多様性時代」の人権感覚——実例に学ぶ人権ノート◆目次

序章
私と人権侵犯事件

人権問題の実務と教育

私は、１９６１年２月から１９８７年３月までの約25年間、法務省に勤務していました。民事局と大臣官房が中心でした。そしてその後は大学に転じ、１９８７年から２００６年までの約20年間は、宮崎、鹿児島、名古屋で４つの大学に勤務していました。つまり、前半は主に民事実務を経験し、後半はこれらの実務経験を活かし、大学及び法科大学院において民事法とりわけ家族法を中心とした教育・指導を経験しました。その間法務省在職時の１９８４年４月から１９８６年３月までのほぼ2年間、法務省東京法務局人権擁護部第二課長として人権侵犯事件の調査・処理に当たりました。

当時でも東京は人権侵犯事件が多く、取り扱った事件のうちかなりのものを今でも記憶しています。そこで序章として、私の記憶の中でも特に忘れられない事件を3件だけ、守秘義務に反しない範囲で紹介したいと思います。

週刊誌の人権侵害

まず1件目です。私が人権擁護部第二課長の辞令をもらい、関係者への挨拶周りを終えて自分のデスクで一休みしようとした瞬間、卓上のベルが鳴りました。受話器を取ると中年の男性の声で、内容を簡単に言えば以下のものでした。

東京都下の一画を走る私鉄電車があります。ある日、そこの電車が走行中に中年の女性が飛び込み自殺をされました。理由はよくわかりません。私に電話をかけてこられたのはこの自殺された方の夫でした。電鉄会社はこうした事件があると、駅員らがその後始末をします。そうした事後処理の過程で、駅員の1人がその自殺された女性の長い頭髪（首から上の部分）を持って線路上を歩いていたところ、たまたま近くを歩いていた人がカメラに収めたのです。その人はこれは金になると思ったのか、週刊誌に写真を売り込み、週刊誌側もこれは珍しい写真だということで買い取ったのでしょう。

しかし、週刊誌側もこれを遺族に断ることなく発刊することに逡巡したものと思われます。遺族に承諾を求めたそうです。当然のことながら遺族はその申出を拒否しました。しかし、出版社側は「こんな写真ではどこの誰かわからない」というような屁理屈を述べたそうです。その後、出版社に抗議しても誠意ある回答はなく、発刊が強行されました。そこで、当該男性は当方に訴えでて、なんとかこの出版社を啓発して欲しいということでした。

この事件は、遺族の願いを無視して発刊を強行した点でまず責められるべきです。そして、商業主義で営利を優先し、遺族の生活の平穏維持を破壊したことは許せない行為であることは明白です。守られるべき個人情報の侵害にも当たります。出版の自由・表現の自由といえども当然内在的限界があります。

ただ、こうした事案に対応するにあたってとても重要なことがあります。それは、本件のような事案は「表現の自由」「出版の自由」「言論の自由」といった憲法上の基本的権利が絡んでいるということです。つまり、国の人権擁護機関の職員といえども、憲法の理念・原則はしっかりと身につけて事件の処理に当たる必要があります。また、本件のような事案についても、出版社側とどのような距離感をもって対応すべきかについては随分慎重かつ冷静さが求められます。

実際、出版社側と本件に関する話し合いでこうした点に留意しつつ、個人の生活の平穏維持に土足で踏み込むようなことは重々慎重に考慮して、多角的な視点を持って対処して欲しいということを伝えた記憶があります。こうした事件はひとたび問題の写真が外へ出てしまうとそれがなかった状態に戻すことは不可能です。だからこそ、この種の出版には余計に慎重でなければならないのです。

念のために付加すると、人権擁護機関の役割とは、事件の調査を通して事実関係を確定し、その上で人権侵犯事件を惹起した個人なり団体に対して責任追及することにあるのではありません。もちろん、そうした要素が全くないわけではありませんが、基本的にはあくまでもその事件を契機として、「人権」のもつ重い意味の理解と協力を得ることにあるのです。記事の内容が珍しいとか、読者の興味を誘うからとか、売れ行きにプラスに働くというような視点のみを重視し、他方にある市井の人々の平穏な生活が正当な理由もなく脅かされるようなことがあってはなりません。出版の問題については「公益性」という観点についても重要な論点がありますが、ここでは割愛しておきます。

部落地名総監事件

次は2件目です。これはいわゆる同和問題に直接的にからむ極めて悪質な事件で、当時「部落地名総監事件」として世間的にも大きな注目を集めていたものです。私がこの事件を担当したのは、今から40年以上も前のことです。それだけの年限を経過した今日でも、同和問題に関する悪質な人権侵犯事件は終息していません。最近もウェブサイトを使った類似の事件が発生し、これに関する判決も出ているので後ほど簡単に紹介します。

さてこの事件は、全国の同和地区の内容が一覧できる図書として、主に興信所や企業での利用を念頭に作成された典型的な差別図書が発行されたという事件です。この差別図書は、同和地区の人びとの就職や結婚などの際の差別に利用されました。しかも、8種類から9種類に及んでいたように記憶しています。この事件は主として大阪が拠点的意義を持っていましたが、東京にも関係者が多数存在していたこともあり、いわば関係法務局の総力を挙げて実態解明と啓発のための努力が行われました。この図書の作成者と思われる者の調査、この図書を購入した企業の調査など、かなりのエネルギーを傾注したものでした。警察のような捜査権限のない中での仕事ですから、大変苦労が多かった記憶があります。

今日においても同和問題の根本的解決に至っていないのは大変残念なことです。特にこの問題は心理的差別意識の面で差別の残滓が見られます。意識の改革・変革は至難の技です。とりわけ、差別意識の思い込みが身体に浸透している人はなかなかそこから脱却できない傾向にあるため、より一層の工夫された啓発策を期待したいと思います。

そもそも、本件のような「差別図書」が売り出されたときに、誰も相手にしない社会こそが望ましいです。その意味で、こうした差別図書が出回るのはそれ相応の背景があることを銘記すべきだと思います。本件に即して言えば、差別図書を利用する個人や企業（団体）が存在することです。「需要は供給を引き出す」のです。その意味ではこれらの図書を購入し利用する者もその責任の一端を担うべきは当然といえます。私が本件図書の購入者としての企業を訪れ人事の担当者などから購入の経緯、本件図書の使用目的など詳細に聴取しましたが、メインはやはり就職試験に利用し同和地区出身者の採用を回避することにあったようです。別の機会に購入企業の要請を受けて職員研修の講師として出講したこともありましたが、社員の意識改革にどれほどプラスになったかはわかりません。しかし、1人でも2人でも問題の本質を理解してくれる人がいればとの思いで臨んだものでした。同和問題はまさに「**究極の差別**」なのです。

ここで、最近も同和問題に関連する裁判があったので紹介しておきます。**2023年6月28日東京高等裁判所で行われた判決です。**これは、同和地区の地名リストをウェブサイトで公表するなどしたのは**人格権の侵害**であるとして、同和地区出身者らが出版社に対してサイトからの削除などを求めた訴訟の控訴審判決です。東京高等裁判所は本件について、人格権の侵害を認め、第1審と同様に大半の原告について削除などを命じました。この判決で東京高裁は、**「同和地区の出身であることを理由として偏見や差別意識が依然として存在するのは明らかだ、と指摘し、出身などを推知させる情報が公表されると、不当な差別を受けて平穏な生活を送ることができる人格的な利益が侵害される」**として、**削除や公表禁止を認めました。**差別されない憲法上の権利として、人格権を認めたのは非常に意義ある判決といえると思います。

同和問題の解決に対しては国・地方公共団体などにおいても様々な施策が検討・実施されてはいますが、その実現は多難のようです。問題の根本的解決のためには、1人でも多くの国民がこれほど不当な差別問題はないと理解・認識するために、努力することが必要です。それなくして、問題の解決はないと言えるでしょう。差別の多くは「無知」と「無関心」が原因であることを確認しておきたいと思います。

いじめと人権

次は3件目です。1986年1月、東京都中野区の中学校で2年生の男子生徒がいじめを苦にして自殺しました。この事件は、当時全国を席捲していた「いじめ事件」を象徴するものとして社会的にも大きな関心が持たれ、マスコミの報道も連日かなり大きく扱われていました。

そして、調査を進めていくと驚くべきことが明らかになりました。複数の教師がこのいじめに加担していたのです。いじめに対する学校の杜撰な対応も1つ大きな問題点でした。警察の協力も得ながら事実関係の解明とその原因について、寝食を忘れてやったものです。最終的には、当該中学と区の教育委員会に対して、「勧告」と「要望書」を手交して一応の決着をみました。

当時の私の感想としては、「いじめ」問題の存在形態は多様ですが、その背景にある事情は極めて多面的な要素が絡んでいるということです。つまり、いじめを受けた生徒、加害者の生徒、被害者・加害者の親、事件の起きた学校の対応などが中心となりますが、それら関係者の抱える問題を分析・検討しなければ、問題解決の方向性は見いだせないのです。

そして、何よりも危機的感覚を持ったのは「校長をはじめ教員」の人権感覚の認識・理解の不十分さでした。この点は、自己研鑽であれ組織的研修であれ、是非改善を図る必要があるでしょう。また教員には、「児童・生徒」が生活しやすい学校環境をつくる職務があることに、もっと敏感であって欲しいと強く思います。

当時この事件を担当したこともあり、東京都の多くの小中学校で先生方やPTAの会合に招かれ、お話をする機会を持ちましたが、出席者の皆さんと忌憚のない話し合いの場を持てたことは、私自身にとっても貴重な体験になりました。こういうテーマで話し合いをするときは、なるべく「人権」というような言葉の使用は避けて、むしろその実体を明らかにして、問題点を検討する姿勢が有用であるように感じました。

なお本件については、被害者親から東京都を相手に損害賠償請求訴訟が提起され、1994年5月20日に東京高等裁判所で原告側「勝訴」の判決がありました。いじめ事件については、第10章で改めて触れたいと思います。

第1章 「人権」受難時代の問題例を解く

1 「ジャニーズ問題」を解く

ジャニーズ問題と報道

最初に取り上げるのはいわゆる「ジャニーズ問題」です。この問題は新聞やテレビなどにより連日詳細を極めた報道がされていたので、読者の皆さんのほうが詳しいかもしれません。しかし、その情報に詳しいということと、問題をどのような視点で捉えているかという問題は全く別です。私は芸能界のことに殆ど関心がない人間なので、この問題については完全に後発組と言えます。しかし、さすがにマスコミによって過剰ともいえる報道がされると、全く無関心ではいられません。

そもそもジャニーズ問題とはなんだったのか。ジャニー喜多川氏なる人物がどのような立場であったのか。そこが出発点となるでしょう。ご本人は2019年6月に亡くなられています。

報道によれば、彼は芸能界における一大勢力を創りあげ、多くの才能あるアイドルを輩出したと言われています。もっともその対象の多くは、年少の男性タレントでした。問題は、彼が自身の事務所に所属する未成年者の少年らに対して、自己の地位と権力を背景に「セクシャルハラスメント行為」を恒常的に繰り返していたというわけです。もしそれが事実なら、少年らに対する人格権の侵害を伴う明白な「人権侵害」であるということになります。

本件の1つの特徴として、こうした行為を週刊誌などで取り上げることがあっても、新聞・テレビなどはこれを取り上げることが殆どなかったということがあります。そもそも、この問題は2023年3月にイギリスのBBC放送の報道を端緒として、日本でもその事実関係の存在が明らかにされたという経緯があり、そうしたことからしても日本のマスコミのいびつな姿勢が浮かび上がります。日本では報道の在り方の1つとして、報道の対象たる事実が報道に値するものか、あるいは報道しなければならないものか、はたまた、報道してはならないものかという点についての確固として「物差し」がありません。それぞれの報道機関の置かれた立場によって左右されるという、およそ「報道の使命」という観点からは是認できない現実があるということを、この事件ははしなくも露呈したものと言えます。

ただ本書の本件に関する立ち位置は、主として「人権問題」の視点から事件を見るということを主眼としているので、そのような立場からの問題点を明らかにしていきたいと思います。問題の核心はジャニー喜多川氏による未成年者への違法行為の内実とその責任にあります。人は時として、権力的地位に就くと正常な思考感覚を失うものかも知れません。しかし、だからと言ってそのような者によるどのような行為も是認されるわけではありません。もし、違法行為があるならば、それはそれで真実を明らかにする必要があるのは至極当然でしょう。それなくして、真実の究明と責任の追及、被害者に対する補償へつながる、問題解決の道は開けてこないのです。

平成のジャニーズ問題

そこで、ここではジャニー喜多川氏による所属タレントに対する性加害の問題性を人権侵害の視点で捉えてみることにします。幸いにも、本件については一部少年に関するものではありますが、2002年5月に東京高等裁判所で1つの判決がありました。この事件は、週刊文春が1999年11月から12月にかけて連続キャンペーンで報道した記事に対して、喜多川氏本人とジャニーズ事務所が名誉毀損の訴えをしたというものです。訴訟の争点はいくつかあったようですが、もっとも争いとなったのは、①喜多川氏が未成年の少年らに対して「淫行」を実際に行ったかどうか、②その行為を拒否するとデビューさせてもらえなかったり、ステージの立ち位置が悪くなったりするために少年たちが抵抗できない、というような事情があったのか、という点にあったようです。そして、東京高裁は、これらの点をいずれも「真実であることの証明があった」と認定しました。

ちなみに「淫行」とは、しかるべき関係ではない男性と女性、男性と男性が性的に乱れた行為に及ぶことを意味する表現ですが、特に、18歳未満の少年少女と性的欲求を満たす目的の性交類似行為に及ぶことを指して用いられることが多いです。本件でジャニー喜多川氏がどのような「淫行」を働いたのかは明らかではありません。しかし、東京高裁は「淫行」の事実の存在を認定しています。

本件審理の過程では、少年らの供述の信用性も問題とされましたが、東京高裁は2人の少年の供述の信用性を認めています。他方、喜多川氏のほうも何点か反論していますが、いずれも裁判所の認めるところとはなっていません。そして、判決は、少年たちが断ることのできなかった弱い立場にあることを利用して、ジャニー喜多川氏が自己の欲求を満たしていたことについて次のように判示しています。

「被害者である少年らの年齢や社会的ないし精神的に未成熟であるといった事情、少年らと一審原告（ジャニー喜多川氏を指す）との社会的地位・能力などの相違、当該行為の性質及びこの行為が少年らに及ぼしたと考えられる精神的衝撃の程度などに照らせば。少年らが自ら捜査機関に申告することも、保護者に事実を打ち明けることもしなかったとしても不自然であるとはいえず、また、少年らの立場に立てば、少年らが一審原告のセクハラ行為を断れば、ステージの立ち位置が悪くなったり、デビューできなくなると考えたことも十分に首肯できるところであって、この点の前記（証拠）の各証拠は信用できるものというべきである」

その上で、東京高裁判決は、

「一審原告（喜多川氏）が少年らに対しセクハラ行為をしたとの証拠、証人少年A、同少年Bの各証拠はこれを信用することができ、これらの証拠により、一審原告が、少年たちが逆らえばステージの立ち位置が悪くなったり、デビューできなくなるという抗拒不能な状態にあるのに乗じ、セクハラ行為をしているとの本件記事（略）の各記事は、その重要部分について真実であるとの証明があったものというべきである」

と結論づけています。つまり、週刊誌によるジャニー喜多川氏への名誉毀損は成立しないとの判断を示しました。

優位的地位を利用して

本件判決については、ジャニーズ事務所側が最高裁に上告しましたが最高裁はこれを棄却したので、東京高裁のした事実認定も確定したことになります。つまり、判決によってジャニー喜多川氏による少年へのセクハラ行為の存在は確定したわけです。それは同時にセクハラ行為を受けた少年らについて**重大な人権侵害**があったことが司法の場で明らかとなったのであり、本件の人権侵害に関する問題のスタートはここから出発しなければならないと思います。この判決は今から22年前のものです。当時、もっと真剣にマスコミなどが取り上げて問題提起していれば、ジャニーズ問題はもっと違った経過を辿った可能性があります。

前記のとおり、マスコミ報道も1つの問題点でした。報道されなかったこと自体が、日本社会におけるこうした問題の受け止め方に大きな問題があったことも示しています。新聞報道などによれば、本件セクハラ被害により補償を求めている人は993人に上っていると言われています（2024年5月末現在）が、これからもっと増える可能性もあります。

自己の優越的地位を利用し、抗拒不能の状態にある被害者らに対して「淫行行為」を行うなど破廉恥かつおぞましいもので、こんな事案が再発しないような施策が求められています。1つの論点は、本件のような地位を利用したセクハラ行為（それに限りませんが）により人権侵害行為が発生したときには、被害者がそれを訴えることの容易な環境をどう作るかという点ではないかと思います。やはり基本的には第三者による常在の組織を設け、加害者の属する団体などにはすくなくともある時期までは一切関わらせないようにすることが必要でしょう。そして大事なことは、起きた事件から1人1人が何を学ぶかです。**「学ぶ」とは、知識や情報の総量を増やすことではなく、「別人になること」です**（内田樹『蛍雪時代』令和5年11月号インタビュー「知の探究者」）。

人権侵害事件には多種多様なものがありますが、本件のような優越的地位を利用して相手の真実の意思表示を抑え込むものはまさに卑劣であり、行為者の人間性が疑われます。とはいえ、これは人間（特に男性）に誰でも宿る性向の1つでもあることも事実であり、人間にとって「抑制心」を維持することも、人権感覚を育むために重要なことの1つであると学ぶ必要があります。

本件は雇用関係（特に年少者）における圧倒的な優越的地位を利用し、自己の野卑な欲望を達しようとする破廉恥極まる行為が対象となりましたが、世間にもこれと類似のもので表に出ていないものがかなり存在すると思います。根本的な防止策はなかなか容易ではありませんが、被害者が声を挙げることが一番でしょう。そして、基本的には加害者本人の人権意識の覚醒に待つよりほかはないのかも知れません。その意味で「人権」の啓発は地味な仕事ですが、とても重要な課題であるといえましょう。

2 「ビジネスと人権」

働く人の人権を守る

前記のジャニーズ問題も「ビジネスと人権」の視点で捉えることのできる問題なのは明白です。しかし従来、こうした問題を「ビジネスと人権」の視点で捉えることは、言葉としてもあまり聞きなれないことでしたし、実際の問題処理に当たっても自覚的に用いられていたとはいえなかったと思います。この言葉が明示的に表れたのは、２０１１年３月に国連が定めた「**ビジネスと人権」に関する指導原則**が最初ではなかったでしょうか。これは、**ビジネスの世界に**

おいて、取引先も含めて人権侵害を防止・救済するよう求めているものです。

「ビジネスと人権」は聞きなれない言葉かもしれません。一般的に、私たちが人権問題として想起するのは、差別やDVを代表とする日常生活での不快や危険など、「人が安全で平穏に暮らすことのできる権利の侵害」でしょう。それを基礎に考えると、人々にとって人権という概念は、思想・表現などの基本的自由や、参政権、最低限の生活保障を維持する権利などに結び付いて発展してきたと言えます。そのため「ビジネスと人権」と言われても、イメージが具体的に出てこないのかも知れません。

しかし、国連の会見や声明などからは、**ビジネスと人権という観点が日本社会の構造的な問題をあぶり出す包括性をもったものと位置づけられています**。つまり、国連の作業部会の報告によれば、労働の現場だけでなく、日本の社会構造そのものを抉るものという位置づけのようです（重田園江「国連「ビジネスと人権」部会がえぐった日本―問題の背景に社会構造と無関心―」朝日新聞2023年11月16日「政治季評」から）。

最初に、この国連の「ビジネスと人権」に関する指導原則について簡単に紹介しておきます。「ビジネスと人権に関する指導原則：国連「保護、尊重及び救済」」枠組みは2011年に国連の「人権理事会で全会一致で支持された文書」であり、「人権を保護する国家の義務」、「人権を尊重する企業の責任」、「救済へのアクセス」の3つの柱から構成されています。

第1の柱は、**人権を保護する国家の義務**です。つまり、国は個人の権利を保護する義務を負うと同時にビジネスが人権に与える悪影響について、それを防止し救済するための法律や政策を実施することが義務付けられます。第2の柱は、**企業は、人権方針の策定とリスクの特定・予防・軽減、そして救済のためのデュー・ディリジェンスの実施**などが求められます。第3の柱は、**効果的救済にアクセスする被害者の権利**です。国には司法のみならず、非司法的な救済手続（国内人権機関など）を提供すること、企業には苦情処理メカニズムを設置することが求められます。

企業の人権責任

企業は人権尊重の責任を果たすため、次のような企業方針と手続を持つべきとされています。

①人権方針の策定

企業は、人権を尊重する責任を果たすというコミットメントを企業方針として発信することが求められています。

②人権デュー・ディリジェンスの実施

企業は人権への影響を特定し、予防し、軽減し、そしてどのように対処するかについて説明するために、人権への悪影響の評価、調査結果への対処、対応の追跡調査、対処方法に関する情報発信を実施することを求められています。この一連の流れのことを「人権デュー・ディリジェンス」と呼んでいます。

③救済メカニズムの構築

人権への悪影響を引き起こしたり、又は助長を確認した場合、企業は正当な手続を通じた救済を提供する、又はそれに協力することを求められています。

これらは国連の指導原則の一部ですが、企業にとって重要な点をピックアップしました。ビジネスと人権に関しては多くの指導原則が定められていますが、この原則が「ビジネスと人権」に関わる国際標準ですので、この方針から大きく遅れることのないよう企業の努力を期待したいと思います。

国民1人1人の意識

この国連の「ビジネスと人権に関する指導原則」の普及の促進などを目的として、5名の専門家で構成された作業部会が設置されました。2023年、その作業部会が日本での12日間の調査を終えて、同年8月4日に日本記者クラブで会見をしました。そこで最後に、今回の「ビジネスと人権」部会の日本における調査内容から、前記の重田園江教授が指摘している作業部会の声明の中で特に留意すべき点を2点紹介しておきます。

第1は、声明の特徴は、ビジネスをめぐる人権侵害を**個別の企業や人間関係上のトラブルではなく、日本の社会構造の問題として取り上げていること**です。これは正鵠を射ているものと言えます。それを解決するため、独立性の高い国家人権機関の創設と裁判官、企業関係者、弁護士などへの研修の必要性が力説されています。

第2は、ビジネスに関連して「誰の」人権が侵害されているかについても、部会の声明は強い関心を示している点です。男女の雇用格差、障害者への差別や低賃金、アイヌ民族の集団的権利の尊重不足、被差別部落出身者への就職差別やヘイト、労働組合活動への嫌がらせなど多くの問題が指摘されています。重田教授は、作業部会がかなり広い視野で計画を練っていたことをうかがわせるものと指摘しています。別項で述べる予定の「過労死・過労自殺の問題」なども、当然その防止のための施策が講じられる必要があるでしょう。

人権感覚に敏感な指導者がいれば、速やかにこれらの問題に対処する組織を設けて作業部会の先を進むようにすると思うのですが、現状はなかなかそうした期待は無理のようです。既にして後手にまわっている企業などの改めての認識を問いたいと思います。同時にこれは日本人全体に課せられた課題でもあります。そこのところを意識して1人でも多くの国民が課題に対応するよう祈りたいです。

ビジネスの世界において、「過労死問題」「パワハラ問題」「セクハラ問題」などなど、課題は尽きません。これらの問題は、すべての人が人間らしく生きるという憲法上の基本的人権に関わる問題です。そうしたことを、1人1人が真剣に認識するところからスタートする必要があると自覚する必要があります。

なお、前記の国連の作業部会が、ビジネスをめぐる人権侵害を個別の企業や人間関係上のトラブルではなく、日本の社会構造の問題として捉えて解決するため、独立性の高い国家人権機関の創設を説いている点は真剣に検討すべきでしょう。また、今日のように幅広いジャンルで人権侵害事件が続発するなかでは、やはり独立性の高い国家の人権機関を創設し、日本人のみならず外国人の人権侵害に関わる問題も処理する機関として、運営する者には高度の研修をする必要があるでしょう。

3　政治家の差別発言と差別の再生産

政治家の資質

自由民主党に杉田水脈《みお》という衆議院議員がいます。報道で明らかにされているものだけでも、2016年以降数々の人権に関する問題発言を繰り返している議員として新聞・テレビなどに登場しています。ドイツのマックス・ウェーバーという著名な学者（経済・政治・社会学など／1864年〜1920年）は、政治家の資質について、情熱・責任感・判断力の3つを挙げて論じています。杉田議員はこの3要件のうち、人権問題についての無知をさらす言動を重ねることへの情熱はお持ちのようですが、自己の発言についての責任感と問題性に関する判断力の面では、大きな問題を抱えた議員のようです。

2016年2月、スイスのジュネーブで国連女性差別撤廃委員会の会合がありました。そこにアイヌ女性のTさんもNGOの一員としてこの会合に参加していました。そして、Tさんは、アイヌ女性の置かれている現状を踏まえ、アイヌ女性は民族差別に加え、男尊女卑や家父長制にも苦しんできたことや、教育の機会にも恵まれず、非正規雇用の割合が高く、家庭内暴力の被害に遭うことも多いという窮状を訴えました。現地には、2014年の衆議院選挙で落選していた杉田氏もいました。なぜそこに彼女がいたかはわかりません。ただ、報道によれば、杉田氏はその会合の場で前記のTさんらを撮影したようです。そして帰国後、ブログなどに投稿し、「目の前に敵がいる!」「大量の左翼集団です」「チマチョゴリやアイヌの民族衣装のコスプレおばさんまで登場、完全に品格に問題があります」と記したとされています。品格のないのは誰でしょうか。「顧みて他を言う」とはまさに彼女の発言内容のことを言うのではないでしょうか。

「思い込み」が生み出すもの

この短い投稿の内容を一見しただけでも、彼女がいかにアイヌ民族の逢着している人権上の問題について殆ど無知なこと、また、4年前にできたアイヌ施策推進法の内容についても殆ど無知だと推測できます。アイヌ施策推進法とは、アイヌの人々が民族としての誇りを持って生活することができ、及びその誇りが尊重される社会の実現を目的として制定されたものです。

法律の全文を読まなくとも、この法律の趣旨だけでも読んでいれば、アイヌの民族衣装を揶揄するようなことはできないと考えるのが一般ではないでしょうか。

チマチョゴリについての内容もどこからそういう発想が出てくるのか推測すらできないというのが実感です。例えば、韓国と日本の近代史における関係の中においてどのようなことがあったのかについても、殆ど無知に近いのではないかと思われます。日本は1910年の韓国併合から1945年までの36年間、朝鮮半島を植民地支配していました。この36年の間にはいろいろなことがありましたが、特に1940年代になると、日本は朝鮮に対する皇民化政策を推進し、創氏改名（朝鮮の人にその氏や名前を日本風の氏名に代えさせること）や国内の労働力を補うために朝鮮人の強制連行などを行いました。日韓関係で時として両国の間にトゲがさ さったような瞬間が生じるのも、この当時の歴史を反映する結果でもあります。

問われているのは彼女の歴史観であり、少数民族への根本的認識です。彼女の頭の中には「思い込み」の事実がぎっしり詰まり、それらを少し立ち止まって検証しようとする意思は全くないのであろうと推測されます。差別的言辞が果てしなく続くのはそれを証明しています。もちろん彼女にも言論の自由もあれば表現の自由もあります。そして、思想の自由もありましょう。しかし、そうした権利の内実を理解することと、それらの権利も無制限な権利ではなく、内在的な制限を伴うものという程度の理解は、国会議員なら当然に身に着けておくべきです。それらの認識も、彼女の発言からは読み取ることはできません。発言するのは全て自分の立場を擁護することのみで、他者への理解の視点は皆無といってよいでしょう。

差別の再生産

前出のTさんは、その後も杉田氏の投稿などを原因としてネット上に差別投稿があふれ、それらはいずれも差別を再生産する内容のものだと指摘しています。こうした状況を前に、Tさんは「これ以上黙っていられない」と札幌法務局に差別投稿として658件の削除を求め、2023年3月人権侵犯の被害を申告しました。そして、同年9月には札幌法務局により杉田氏のブログなどの記述が人権侵犯であると認められました。国会議員が国家機関の人権擁護機関から、自己特定の行為が「人権侵犯」に当たり、「人権」を尊重し、アイヌ文化を学び、発言に注意するよう「啓発」されるなど、異常な事態といわなければなりません。

一体に彼女には「想像力」という思考装置が備わっていないのではないかとも思われます。今回の法務局の事実認定と啓発をどう受け止めたのか、救済を申し立てていた人たちにどう向き合うつもりなのか、彼女の事務所は「ノーコメント」で、本人の口からは何の反応もありません。国会議員たる者としての最低限の務めを放棄しているのです。

杉田氏はこのほかにも、同性カップルを念頭に「【生産性】がない」と雑誌に寄稿したり、性暴力などを議論する党の会合で「女性はいくらでもウソをつける」(これは自分のことをも含めての発言と思われます)と発言したり、文字通り「人権感覚」が疑われる言動を再三、繰り返してきました。こんな札付きの人権侵害議員に対して何の指導も教育もできない首相や党の幹部も、基本のところでは同じ考えを共有しているのではないかと勘繰りたくなります。こういう人物をかつて内閣の一員に起用した岸田首相の人権感覚も問われているということも忘れてはならないことの1つです。

なお、アイヌ差別発言を続けながら一向に反省の様子もない杉田氏に対して、北海道アイヌ協会は2023年12月20日、大川勝理事長の名で「アイヌ民族衣装の着用を蔑んだり、やゆする投稿に大きな怒りを覚える」と、彼女を強く批判する声明をホームページに掲載しました。またこの声明のなかでは、杉田氏が人権侵犯の認定後も差別的言動を続けていることに対して、「国会議員の立場であるにもかかわらず発言が繰り返されるのは大変遺憾」と反発しています。

なお、杉田議員については、7年前の自身のブログなどで大阪府の在日コリアンの女性3人について「民族衣装のコスプレおばさん」などと投稿したこともあり、大阪法務局はこれを人権侵犯と認定しています。救いようのない議員のようです。

政治資金パーティーにおける収益金をキックバックしたいわゆる「裏金問題」の渦中にある自民党議員の態度を見ていると、マックス・ウェーバーの指摘する政治家の3つの資質「誠実性」「責任感」「高潔さ」は微塵も感じられません・こうした政治家ならぬ「政治屋」の存在と言動も、杉田氏の行為を支えているのかも知れません。悲しい現実です。

第2章 DVと人権問題

1 家庭内暴力にはどのような種類があるのか

家庭と暴力

「家庭」とは、家族・夫婦にとって最大の「憩いの場」であるのが理想であり、また多くは現実でもあります。しかし、いつの頃からか「家庭内暴力」という言葉が新聞・テレビなどで散見されるようになりました。私は兵庫県北部の片田舎の出身で、物心ついたころから大学進学のために故郷を離れるまで、18年間そこで暮らしていました。60戸ばかりの集落でしたが、そこでどこかの家庭で「暴力沙汰」があったなどということはただの一度も聞くことも見ることもありませんでした。今から70年ばかり前のことです。

ところが平成の世になったころから主として都市部を中心に「家庭内暴力」という言葉が定着するようになりました。これは決して「夫婦間」のものだけでなく、親の子に対する暴力もあり、子による親などに対する暴力もありました。これには複合的な原因があったのかも知れません。しかし端的に言えば、その主たる原因は、「人に理由のない暴力を加えない」「人を理由なく貶めない」といったような従来当然のこととして日本社会で不文律的に守られていたルールが破綻してきたということだと思います。その原因は社会学者の研究に委ねたいと思います。

かつてローマ法の格言として、「法は家庭入らず」という原則がありました。家庭の中は「私的な領域」として慣習による自治が認められていたのです。日本でも「家制度」の下、家庭内は戸主による自律的解決が優先されてきました。しかし、たとえ家庭内だとしても、暴力が振るわれ、刑事事件の傷害罪に該当するような事例の場合は明らかな人権侵害であり、その処理を家庭に任すことは妥当ではありません。

2001年に「配偶者からの暴力の防止及び被害者の保護等に関する法律（DV防止法）」（平成13年法律第31号）が成立したのも、けだし当然のことだと思います。しかし、こうした法律で対応しなければならないのは、それだけ「家庭内暴力」が勢いを持っているということではないでしょうか。「暴力」を否定するのに理屈など不要です。暴力＝悪という意識を1人でも多くの人が共有することも、暴力を減少させる1つの手段かもしれません。

それではまず、このDV防止法の内容について要点を説明したいと思います。

ドメスティック・バイオレンス（DV）

さて、「ドメスティック・バイオレンス」とは、英語の「domestic violence」をカタカナで表記したものです。略して「DV」と呼ばれることもあります。この「ドメスティック・バイオレンス」の用語に明確な定義はありませんが、「配偶者や恋人など親密な関係にある、又はあった者から振るわれる暴力」という意味で使用されることが多いです。配偶者からの暴力を防止し、被害者の保護などを図ることを目的として制定された「配偶者からの暴力の防止及び被害者の保護などに関する法律」は、「DV防止法」や「配偶者暴力防止法」と呼ばれることもあります（以下、本文では「DV防止法」）。この法律の核心部分については後で触れる予定です。

DV防止法は、被害者を女性に限定していません。しかし、配偶者からの暴力の被害者は多くの場合女性です。DVとしての女性への暴力は、**女性の人権を著しく侵害する重大な問題**であり、その被害者数も相当数に及んでいるのが実態です。とりわけ、夫が妻に暴力を振るうのは仕方がないといった社会通念や、妻に収入がないといった男女格差など、個人の問題として片づけられない構造的問題も大きく関係しています。男女が対等なパートナーとして様々な分野で活躍するためには、前提としてこうした暴力は絶対にあってはならないということが、社会の共通理解・認識とならなければなりません。

暴力の種類

一口に暴力といってもその形態は多様です。ここでは内閣の男女共同参画室の作成資料を参考に3つ説明しておきます。

①身体的なもの

殴ったり蹴ったりするなど、直接何らかの有形力を行使するものが入ります。これらは刑法第204条の傷害罪、第208条の暴行罪に該当する行為であり、たとえそれが配偶者間で起きたとしても処罰の対象となります。

②精神的なもの

心ない言動などにより相手の心を傷つけるものが入ります。精神的暴力については、PTSD（Post Traumatic Stress Disorder（心的外傷ストレス障害））を招くなど、刑法上の傷害とみなされるほどの精神障害に至れば、刑法上の傷害罪として処罰されることもあります。

③性的なもの

嫌がっているにもかかわらず性行為を強要する、中絶を強要する、避妊に協力しないものなどがあります。夫婦間の性交であっても、刑法第177条の不同意性交等罪に当たる場合があり得ます。また見たくない人に対して、ポルノビデオやポルノ雑誌を見せるのもこれに該当することがあります。

こうした被害を受けた場合、すぐに加害者から逃げることができれば一番いいのですが、なかなかそうはできない事情もあります。例えば、恐怖感（逃げたら次に何をされるかわからない）、無力感（何があっても自分は今の生活環境から抜けられない、夫から離れられない）、経済的問題（夫の収入に頼りきっている環境）、子どもの問題（子供の安全や就学の問題）、失うものの大きさ（夫から逃げる場合、仕事を失うこともあったり、地域社会での繋がりを失う）など、決断は単純ではないという事情もあります。

2　DV防止法とは何か

DV防止法

DV防止法（配偶者からの暴力の防止及び被害者の保護等に関する法律）について、男女共同参画局（内閣府）「配偶者からの暴力被害者支援情報サイト」を基にしてまとめたいと思います。

「配偶者からの暴力」

まず、法律名に含まれている「配偶者からの暴力」について、「配偶者」と「暴力」をそれぞれ以下のように説明しています。

配偶者：男性、女性を問いません。事実婚や元配偶者も含まれます。この元配偶者には、離婚前に暴力を受け、離婚後も引き続き暴力を受ける場合や、生活の本拠を共にする交際相手、元生活の本拠を共にする交際相手も対象となります。

暴力：身体的暴力のみならず、精神的・性的暴力が含まれます。しかし、保護命令の申立ては身体に対する暴力又は生命などに対する脅迫のみ対象となります。

相談について

配偶者からの暴力に対する「相談」をする場合、主に2つの窓口に分けることができます。

①配偶者暴力相談支援センター

都道府県の婦人相談所など適切な施設が、配偶者暴力支援センターの機能を果たしています。また、市町村が設置している配偶者暴力相談支援センターもあります。

具体的に行ってもらえることは、①相談又は相談機関の紹介、②カウンセリング、③被害者及び同伴者の緊急時における安全の確保及び一時保護、④被害者の自立生活促進のための情報提供その他の援助、⑤保護命令制度の利用についての情報提供その他の援助、⑥被害者を居住させ保護する施設の利用についての情報提供その他の援助の6点です。

②警察

警察では、被害者の意思を踏まえ、配偶者の検挙、指導・警告、自衛・対応策についての情報提供などの適切な措置をとります。

一時保護について

また、配偶者から逃れたい場合は、各都道府県に必ず1つ設置されている「婦人相談所」を利用すると良いです。婦人相談所では各種相談業務を行うとともに、配偶者からの暴力を受けた被害者の一時保護業務を行っています。お子さんと一緒に、しばらく安全に生活することができます。（※厚生労働大臣が定める基準を満たす民間のシェルター等に委託されることもあります）

自立支援について

自立して生活がしたい場合、配偶者暴力相談支援センターでは、生活の支援、就業の支援、住宅の支援などに関する様々な情報を提供しています。

保護命令について

配偶者が近寄ってこないようにしたい場合、裁判所から保護命令を出してもらうことができます。これは、配偶者からの身体暴力を受けている被害者が更なる身体暴力により又は生命に対する脅迫を受けた被害者が身体暴力により、その生命又は身体に重大な危害を受けるおそれが大きいときに、被害者からの申立てにより、裁判所が配偶者に対し、保護命令を出す制度です。
この申し立ては、事実婚、元配偶者、生活拠点を共にする交際相手、元生活拠点を共にする交際相手などに対しても行うことができます。保護命令には、以下の種類があります。

①退去命令

配偶者に、被害者とともに住む住居から退去することを命じるものです。期間は2か月です。

②被害者への接近禁止命令

これは、配偶者が被害者の身辺につきまとったり被害者の住居、勤務先など付近をはいかいすることを禁止する命令です。期間は6か月です。

③被害者の子又は親族などへの接近禁止命令

被害者本人への接近禁止命令の実効性を確保するため、被害者の子又は親族などの身辺をつきまとったり、子又は親族などの住居、勤務先などの付近をはいかいすることを禁止する命令です。期間は6か月です。

対象は、①被害者と同居する被害者の未成年の子ども、②被害者の親族その他被害者と社会生活において密接な関係を有する者（①以外の配偶者の子も含む）です。そして、被害者本人への接近禁止命令が発令されている間に限ります。

④電話など禁止命令

被害者本人への接近禁止命令の実効性を確保するため、被害者に対する面会の要求、監視の告知、乱暴な言動、無言電話・緊急時以外の連続する電話・FAX・メール送信、緊急時以外の夜間の電話・FAX・メール送信、汚物などの送付、名誉を害する告知、性的羞恥心の侵害のすべての行為を禁止する命令です。

これらの保護命令に違反すれば、1年以下の懲役又は100万円以下の罰金が課されます。

通報について

配偶者からの暴力を受けている者を発見した人は、その旨を配偶者暴力相談支援センター、警察官に通報するよう努めることとなっています。また、医師その他の医療関係者が、配偶者からの暴力によるケガなどを発見したときは、配偶者暴力相談センター、警察官に通報できることになっています（ただし、被害者本人の意思は尊重されます）。

以上、DV防止法の概要を見てきました。DV防止法は、関係者の立場にも十分配慮しながら被害者保護、関係者保護、保護命令などについて詳しく規定されています。全体を理解するのは大変かと思いますが、法律の要点だけはしっかり押さえておくことが被害者の保護に役立つと思います。しかし、この法律が必要のない状態を作り出すことが、根本的課題であることは当然です。法律への関心とともに、どうすればDVによる被害者が出なくなるか、あるいは減少するかを常に考える必要があります。

3　増加する配偶者からの暴力

配偶者からの暴力相談

●ＤＶ相談件数

２０１８年➡９０４７件
２０１９年➡８４３５件
２０２０年➡８６２７件
２０２１年➡８０１１件
２０２２年➡８３８９件

配偶者からの暴力相談などの相談件数は、８３８９件で、前年から３７８件増加しています。

●ＤＶ防止法などの検挙

２０２２年におけるＤＶ防止法（保護命令違反）の検挙は2件で、前年から2件増加しました。ＤＶ事案に起因する刑法犯・他の特別法犯の検挙は７８０件で、前年から19件減少しています。

●ＤＶ事案の分析

相談者の性別は、女性からの相談が６６５７件で、男性からの相談は１７３２件で、過去４年間も同様の傾向です。

●相談者の年齢

相談者８３８９人のうち、年齢不明の７人を除いた８３８２人の年代別は、30歳代が２４１９人（28・９％）、20歳代が２０３１人（24・２％）、40歳代が１９５６人（23・３％）の順に多くなっており、過去４年間の統計値で令和４年は20歳代が40歳代より多くなりました。

20歳未満➡１０１人
20歳代➡２０３１人
30歳代➡２４１９人
40歳代➡１９５６人
50歳代➡１０４４人
60歳代➡３６０人
70歳以上➡４７１人
不明➡７人

●ＤＶ行為者の年齢

ＤＶ行為者８３８９人のうち、年齢不明の54人を除いた８３３５人の年齢は、30歳代が２２８８人（27・５％）、40歳代が２０８６人（25・０％）、20歳代が１７７５人（21・３％）の順に多くなっています。これは過去4年間も同様の傾向です。

●相談者と行為者の関係

相談者と行為者の関係は、婚姻関係（元を含む）が6070人（72・4％）で、同棲関係（元を含む）が1988人（23・7％）、内縁関係（元を含む）が331人（3・9％）となっています。

こうした数字を見るといろんなことが特徴としてわかってきます。読者の皆さんもこれらの統計の意味するところを分析してその特徴などをつかんでほしいと思います。

4　DV撲滅のために

特権意識の改革

民法第752条には「**夫婦は同居し、互いに協力し扶助しなければならない。**」と規定されています。夫婦となった以上は、同居し、互いに協力し、扶助しなければならないのは婚姻の効果として導かれる当然の規定でしょう。世間の夫婦の多くはこれに従い、波風はあってもまずは平穏な生活を維持しているわけです。

しかし、夫婦といってもそのありようは多様です。そうした夫婦の仲で夫から妻への暴力が繰り返されるというのは何か原因があるはずです。個々の暴力の原因ではなく、暴力を紡ぎ出す人（夫）自体に備わっている何かがあるはずです。結論を言ってしまえば、「男の特権意識」「男の沽券」という現代では全く合理的根拠のない価値観を持っている人がこうした暴力を振るうケースが多いです。しかもそのような価値観が自分の親世代から継承されているケースが多くあります。現在、ジェンダー平等への意識は年々高まっていますが、そうした環境の中でもパートナーの女性に対して特権意識を持ち、力で相手を支配しようとする男性が沢山いるという状況は基本的には変わっていないのだと思います。

新憲法の公布からまもなく80年になろうとする今日、**男女の平等という民主主義の基本理念**が道半ばにも達していないのはどうしてなのでしょうか。人は全て等しく平穏に生きる権利があり、誰しもこの権利を侵す自由などないということを1人1人が自覚するだけで、社会や家庭の風景はかなり異なるものとして映るのではないでしょうか。一組の夫婦がこうした考え方に徹すれば、その子供たちもその姿勢を自然に体得し、さらにその孫たちにそれが継承していくことになります。そういう「家庭」が少しでも増えていけば、「配偶者の暴力」は間違いなく減少します。そして、家庭内で暴力を振るうことが「恥ずかしいこと」という意識に包まれていくことが社会共通の価値観となっていけば、ＤＶ防止法も無用の長物となるはずです。長く遠い道ではあっても、私たちはその方向に向かって歩み続けることが求められているのだと思います。

第3章　増え続ける虐待から児童を守る

1　児童虐待防止法とは何か

児童を守る

　児童は、どこの家族に属しているかとは関係なく家族の宝であり、社会の貴重な人的資源であり、国の将来を担う存在です。ところが近時、家庭において保護者などによる児童に対する重大な人権侵害行為が見られるようになり、これを放置できない状況がマスコミの報道でもよく取り上げられるようになりました。そして、2000年「**児童虐待防止法**」（平成12年法律第82号）が成立しました。第2章で述べたDV防止法とほぼ同時期です。

　考えてみると、DV防止法も児童虐待防止法もその対象となる行為は「夫から妻への暴力」「保護者などから児童への暴力」が前提とされていて、ともに家庭内での「行為」が中心となっています。つまり、家庭における人権侵害行為が当事者の性質により、それぞれ2つの法律によって規律されているということになります。

ここからは児童虐待防止法の基礎的概念を説明し、現実に行われている事件の趨勢を見ながら、児童虐待の防止のために私たちが努めなければならないことを考えてみたいと思います。

制定の背景

正式な法律名は「児童虐待の防止等に関する法律」（以下、児童虐待防止法）で、簡単に言えば、児童への虐待を禁止し児童の権利を守る法律といえます。18歳以下の児童の面倒を見る大人たちの虐待を禁止し、児童の人権を守るために制定されました。

児童の福祉を守る法律には「児童福祉法」もありますが、虐待に当たる内容や発見時の通告義務が周知されておらず、児童虐待を防ぐ機能を十分に果たしていないのが実情でした。しかし、国際的な児童福祉への関心の高まりから、1989年に国連総会で「子どもの権利条約」が採択され、日本は1994年に批准しました。そのため国内の法整備が必要になったことや、児童虐待の認知の高まりから相談件数が増加し、報道でも大きく取り上げられ社会問題化したのです。このような背景から、児童虐待防止法が制定されました。

児童虐待防止法の内容

虐待について

虐待には暴力以外にも言葉や扱いによる差別なども含まれ、身体的虐待、性的虐待、ネグレクト、心理的虐待などがあります。

①身体的虐待

殴る、蹴る、叩く、投げ飛ばす、やけどを負わす、激しく揺さぶる、溺れさせるなど

②性的虐待

児童への性的行為、性的行為を見せる、被写体にするなど

③ネグレクト

家に閉じ込める、食事を与えない、不潔な状態のままにする、病院に連れていかない、車の中に放置するなど

④心理的虐待

言葉による脅し、児童の前でほかの家族に暴力を振るう、兄弟間で差別的な扱いをするなど

法律では、保護者だけでなくいかなる人でも児童に対して虐待することを禁止しています。

国や自治体に求められていること

国や自治体に求められていることは、主に以下の3点です。

①親子支援
虐待を受けた児童への心理的な支援や自立支援をおこなうなど、親子再統合に向けて指導を行う
②研修の実施
児童福祉施設における職員など児童虐待を発見しやすい立場にある職業従事者に向けて、早期発見と防止のための研修を行う
③転居前後でのサポート
虐待を受けた児童がほかの市区町村に移転する場合、サポートが途切れることなく継続できるよう、自治体間での連携をはかる

2　児童虐待の現状

増加する相談件数

２０２２年度に全国の児童相談所が子どもの虐待について受けた相談は、21万９１７０件で過去最高でした（２０２３年９月８日付け朝日新聞）。これは32年連続での増加で、前年度と

比べて1万1510件の増加です（子ども家庭庁公表）。悲しい現実ではあります。

虐待の内容は「心理的虐待」が最も多く12万9484件、次いで「身体的虐待」が5万1679件、「ネグレクト（育児放棄）」が3万5556件、「性的虐待」が2451件となっています。

2021年度に虐待を受けて死亡した子どもは74人で、0歳が26人で最も多いです。この74人のうち、50人が心中以外で亡くなっています。0歳が約半数で最多の24人、このうち生後1ヵ月未満が最多の6人で、うち3人は生後24時間未満で亡くなっています。妊娠期・周産期には「予期しない妊娠、計画していない妊娠」「妊婦健康審査未受診」などの問題が多く、それぞれ3割前後を占めました。主な加害者は実母が4割で、最多の20人でした。10代の実母が同居する両親やパートナーに妊娠を伝えたり、適切な支援を求められずに、ひとりで出産し遺棄に至った事例もあったようです。

心中で亡くなった子ども24人のうち、9人が3歳未満でした。主な加害者は実母が75％で18人、動機では「保護者自身の精神疾患、精神不安」が37・5％で最も多かったようです。0歳や生後1日に満たない子どもの虐待死が多いことから、国は出産前から支援が必要とされる「特定妊婦」の支援を強化するとしています。

2024年4月1日施行の児童福祉法の改正では、親を頼ることができない、住む場所がない、などの特定妊婦やその子どもなどについて、自治体が日常生活の支援を行うよう明記されています。

過去最多を更新する虐待件数

警察が児童相談所に児童虐待の疑いがあると通告した18歳未満の子どもが、2023年1年間で12万2806人（暫定値）となり、2022年から6・1%増えて過去最多を更新しました。児童相談所への通告児童数は、統計が残る2004年から19年連続で増えています。警察庁によると、2022年の通告の内訳は、両親間での暴力といった面前DVなどの「心理的虐待」が最多の9万761人で、全体の7割強を占めたとされています。次に多いのが「身体的虐待」で2万1520人、「怠慢・拒否（ネグレクト）」が1万205人、「性的虐待」が320人です。

警察庁によりますと、社会的に関心が高まり、近隣住民による通報が増えているそうです。虐待で親などが摘発された件数も2013年から増え続けており、2022年は2385件で2013年の約5倍だったとされています。こうした統計を見ても児童虐待は増加の一途をたどっており、その対応策にさらなる工夫が求められていると思います。

３　児童の人格を尊重するために

体罰の見直し

ここまで見てきたように、児童虐待が深刻化してきている社会において、体罰の有害性が広く指摘されるとともに、児童虐待防止法で親権者による体罰の禁止が明文化されるなど、より子どもの利益を重んじる方向へと着実に変化しています。

民法の懲戒権に関する規定の見直しは、このような社会通念の変化を前提に児童虐待を正当化する口実に利用されているとの指摘も踏まえて、２０２２（令和４）年改正前民法第８２２条を削除することなどにより、体罰などは正当な親権の行使とはいえず許されないことなどを民法の規定上も明確にして、児童虐待の防止を図ろうとするところにその意義があります。

以下に、民法、児童福祉法、児童虐待の防止に関する法律の改正後の新法文を掲げておきます。

民法第８２１条（新設）

「親権を行う者は、前条の規定による監護及び教育をするに当たっては、子の人格を尊重するとともに、その年齢及び発達の程度に配慮しなければならず、かつ、体罰その他の子の心身の健全な発達に有害な影響を及ぼす言動をしてはならない。」

児童福祉法第33条第2項

「②児童相談所長は、一時保護が行われた児童で親権を行う者又は未成年後見人のあるものについても、監護及び教育に関し、その児童の福祉のため必要な措置をとることができる。この場合において、児童相談所長は児童の人格を尊重するとともに、その年齢及び発達の程度に配慮しなければならず、かつ、体罰その他の児童の心身の健全な発達に有害な影響を及ぼす言動をしてはならない。」

（③・④略）

児童虐待の防止等に関する法律第14条

「児童の親権を行う者は、児童のしつけに際して、児童の人格を尊重するとともに、その年齢及び発達の程度に配慮しなければならず、かつ、体罰その他の児童の心身の健全な発達に有害な影響を及ぼす言動をしてはならない。」

（②略）

加害者は実母が4割

このように親権を含めて児童に対する重要な規定が、2023年の改正で児童の「人権」の擁護のための内容に変わったことは非常に大きな意味があります。未成年の子に対し、その監護・養育に当たっているのは父母（養父母）です。つまり、児童虐待の機会に最も近いところにいるのが父母なのです。もちろん殆どの父母は子の健全な成長を祈って日々努力しているわけですが、前記の相談件数などを見てみると児童虐待の加害者は実母が4割という数字となっています。これは父親よりも母親の方が子が年少の時は監護・養育の実際に当たっているという事実も影響していると思います。

いずれにしても、今回の改正により、民法、児童福祉法、児童虐待防止法の3法が歩調を合わせ、児童と接触（親権の行使）するに当たっては**「児童の人格を尊重すること」「その年齢及び発達の程度に配慮すること」「体罰その他の児童の心身の健全な発達に有害な影響を及ぼす言動をしてはならない」**という新しい理念・原則が盛り込まれました。およそ全ての父母は子の有無にかかわらずこの3原則をしっかり頭において親子関係を形成して欲しいと願うものです。

子どもは社会にとっても国にとってもかけがえのない人材の卵です。社会みんなで育てる感覚を醸成していけば児童虐待は間違いなく減少します。大人の言動は大人社会の人権感覚をみるリトマス試験紙の役割を果たすものといえるのではないでしょうか。

ただ、この児童虐待事件の特質の1つとして留意する必要があるのは、母親が1人で子育てをしている状況で男性の新しいパートナーができ、そのパートナーによる虐待事件が多く報じられていることです。法的関係のない者による虐待ですが、この類型の事案などは実母による「子どもの人格の尊重意識」を徹底するような啓発が必要だと思います。

法律の文言は固い内容で語られることが多いですが、それは性質上止むを得ないものです。しかし、前記3法が言わんとしていることは、要するに**「子ども」を1人の人間として、1人の人格を持った人間として見るということが、対子ども関係の形成の出発点であること**を意味しているのです。人間としては親と子は法的には全く同じ価値を持っているものなのです。間違っても親が子を支配するという感覚は絶対に持つべきではありません。

第4章 同性婚とパートナーシップ制度

1 同性婚をめぐる5つの判決

違憲か合憲か

同性婚をめぐって、ようやく社会における関心も高まり、議論も活発化してきました。司法の場においても問題提起がされ、2023年12月までに5件の第一審判決が出ています。最初にこの5つの判決について、それぞれの判決の結論部分のみ紹介することにします。

第1に、2021年3月の**札幌地裁の判決**です。この判決は、同性婚を認めないのは憲法24条1項と2項（家族生活における個人の尊厳と両性の平等）に違反するとの原告の主張に対しては合憲とし、憲法14条（法の下の平等）違反の主張については、**同性婚カップルは、婚姻の法的効果の一部ですら享受できないのは、憲法違反である**としました。

第2に、2022年6月の**大阪地裁の判決**です。同性婚を認めないのは憲法24条1項、同条

2項に違反するものとの原告の主張に対して、いずれも合憲と判断し、憲法14条違反の主張についても、合憲としています。

第3に、2022年11月の**東京地裁の判決**です。同性婚を認めないのは憲法24条1項違反との主張に対しては、合憲とし、同条2項違反の主張に対しては違憲状態であるとしています。その理由として、同性カップルが家族になる制度がないのは、人格的生存への重大な脅威としています。憲法14条違反の主張に対しては、合憲と判断しています。

第4に、2023年5月の**名古屋地裁の判決**です。前記の3判決とは異なり、同性婚を認めないのは憲法違反であるとし、その理由として、①重大な人格的利益を享受する法律婚から同性カップルを排除していることは疑問であり、それを放置することは合理性を欠き、憲法24条2項に違反する、②現状は、自ら選べない性的指向を理由として婚姻に制約を課しており、憲法14条1項に違反するとしています。

2021年の札幌地裁判決では憲法14条違反のみを判示しましたが、本件名古屋地裁判決はあわせて憲法24条2項にも違反すると判示しています。

第5が、2023年6月にありました**福岡地裁の判決**です。同判決は、同性婚を認めないのは、個人の尊厳と両性の平等に基づいて配偶者の選択などに関する法律を制定するよう定めた憲法24条2項に違反する状態であると指摘しています。

法の下の平等

これらの判決の結論をまとめると、2件が違憲、2件が違憲状態、1件が合憲としています。しかし、こうした判決の流れを最近の世論調査の結果とあわせて考えてみると、司法の流れも世論の動向も、間違いなく改善に向かっているように思います。前記の各訴訟は上級審でまた審理が続行することになると思いますので、その動向には充分留意して欲しいと思います。なお、参考までに前記訴訟で問題となった憲法の条文を掲げておきます。憲法14条1項と同24条1項・2項の規定です。

憲法14条第1項
「すべて国民は、法の下に平等であって、人種、信条、性別、社会的身分又は門地により、政治的、経済的又は社会的関係において、差別されない。」

憲法24条第1項
「婚姻は、両性の合意のみに基づいて成立し、夫婦が同等の権利を有することを基本として、相互の協力により、維持されなければならない。」

憲法24条第2項
「配偶者の選択、財産権、相続、住居の選定、離婚並びに婚姻及び家族に関するその他の事項に関しては、法律は、個人の尊厳と両性の本質的平等に立脚して、制定されなければならない。」

「同性婚を認めない法」が奪うものは何か

同性婚を望みながら、法律上の婚姻が認められない人々はどのような人権侵害を受けているのでしょうか。

例えば、札幌地裁は「憲法14条に違反している」と認め、「異性愛者と同性愛者の違いは、人の意思によって選択・変更し得ない性的指向の差異でしかない」と指摘しながら、婚姻の法的効果の一部ですら同性愛者に与えられていないのは、合理的根拠を欠く差別的な取り扱いだと結論づけています。

また、大阪地裁判決は「合憲」と結論づけたものの、同性愛者が共同生活を営める利益を実現する必要があるとも指摘しています。そして、「社会状況の変化によっては、同性婚について法的措置がとられていないことが、将来、憲法24条2項に違反する可能性がある」とも言及しています。

さらに、将来の違憲ではなく、現に「憲法24条2項に違反している状態にある」と踏み込んだのが東京地裁判決です。すなわち、**「同性愛者についてパートナーと家族になるための法制度が存在しないことは、同性愛者の人格的生存に対する重大な脅威、障害だ。個人の尊厳に照らして合理的な理由があるとはいえない」**としています。

なお、東京地裁で行われている原告8人による同性婚集団訴訟も2024年3月に判決が出される予定でありその内容に注目したいと思います。最近の報道によれば、男性カップルが提出した婚姻届が受理されない可能性が高く、そのような処理は憲法違反であるとして、更に、当該婚姻届の受理命令を出すよう家庭裁判所に家事審判を申し立てる（戸第122条）旨が伝えられています（2024年2月7日付け朝日新聞）。

「婚姻の自由」違反

同性婚を認めていない民法などの規定は憲法に違反するとして、北海道の同性カップル3組が国を訴えていた訴訟の控訴審判決が2024年3月14日に札幌高裁でありました。全国で5つの地方裁判所で起こされた同種訴訟で初の高裁判決であり、しかも、憲法違反の判断は、札幌、名古屋地裁に続く3件目で、憲法24条1項違反と認めたのは初めてのものです。

判決は、民法などの規定は「**婚姻の自由**」を定めた憲法24条1項などに反して「違憲」と判断し、同項は「**同性婚をも保障すると解される**」としました。二審で本件のような訴訟で違憲の判決が出されたのは初めてです。それだけにインパクトは大きく、今後の同種訴訟にも大きな影響を与えると考えられます。

憲法24条の要点を紹介しておきます。婚姻について、憲法24条1項は「**両性の合意のみに基づいて成立する。**」などと定めています。24条2項では、婚姻や家族に関する法律を「**個人の**

尊厳と両性の本質的平等に立脚して、制定されなければならない。」としています。

判決では、同条1項は「両性」という文言だけでなく、目的も踏まえて解釈すべきだと指摘しています。「人と人との自由な結びつきとしての婚姻をも定めている」と述べ、同性間の婚姻も異性間と同じ程度に保障されているとしました。

同性婚を認めない現行規定は、同性カップルに社会的な著しい不利益を及ぼすだけでなく、アイデンティティの喪失感を抱くなど、「個人の尊厳を成す人格が損なわれる事態になっている」と指摘しています。一方、同性婚を可能としたときの不利益はうかがえないとしています。その上で、世論が同性婚を容認する割合が高まり、自治体のパートナーシップ制度が婚姻の代わりになっていないことを踏まえ、現状は「国会の立法裁量の範囲を超え、憲法24条に違反する」と結論づけています。

「法の下の平等」を定めた憲法14条についても、異性カップルの婚姻は認めているのに、同性カップルには許さないのは「性的指向を理由とした合理性を欠く差別的取扱い」であり、規定は14条に違反するとしています。ただ、国会が正当な理由なく長期間立法を怠ったとは言えないとして、この部分に関しては賠償請求を棄却しています。

本件判決は「個人の尊厳と両性の平等」の実質化を強く意識した判決であり、高く評価されるべきものと思います。司法の流れが従来の固定観念から一歩飛び出す傾向のある最近の流れは、私たちに希望の灯を照らしてくれるでしょう。

なお本件判決を担当した札幌高裁の斎藤清文裁判長は異例の付言をしました。その要旨を参考までに紹介しておきます。

「同性間の婚姻を認めることとは、国民に意見や評価の統一を求めることを意味しない。根源的には個人の尊厳に関わる事柄であり、個人を尊重するということであって、同性愛者は日々の社会生活で不利益を受け、自身の存在の喪失感に直面しているのだから、対策を急いで講じる必要がある。したがって、喫緊の課題として、同性婚につき、異性婚と同じ婚姻制度を適用することを含め、早急に真摯な議論と対応が望まれる」

本件に関する担当裁判長としての深い想いが窺えます。

2　海外で拡がる同性婚の動き

同性婚の制度化

世界を見ると、同性婚を導入する（つまり、法律的に認知する）動きが拡がっています。札幌地裁の判決によれば、その前提資料として、以下のように説かれています。

2000年オランダ、2003年ベルギー、2005年スペイン及びカナダ、2006年南アフリカ、2008年ノルウェー、2009年スウェーデン、2010年ポルトガル・アイスランド及びアルゼンチン、2012年デンマーク、2013年ウルグアイ・ニュージーランド・フランス・ブラジル及び英国（イングランド及びウェールズ）、2015年ルクセンブルク及びアイルランド、2017年フィンランド・マルタ・ドイツ及びオーストラリアとなっています。

公益社団法人「Marriage For All Japan」（東京）によると、2023年2月現在で、34の国と地域で同性婚が認められているといいます（2023年3月28日付け朝日新聞）。アジアでは台湾で2019年5月から同性婚が制度化されています。これより先、1989年デンマークで、同性のパートナーに一定の地位を与える「登録パートナーシップ制度」が世界で初めて導入されています。日本の制度の現状については後で簡単に紹介します。

海外の裁判と判決

海外でも注目すべき裁判所の判断が出ています。その1つが、アメリカで同性婚を憲法上の権利として確立した、2015年6月25日の **Obergefell 事件判決**です。これは、婚姻の要件を異性のカップルに限定し、同性婚を認めない州法の規定は、デュー・プロセス（法の適正な手続）及び平等保護を規定する合衆国憲法修正14条に違反するとした、米国連邦最高裁判所の判決です。裁判官9人のうち5人の多数意見で、同性カップルを結婚から排除している州法の規定を「違憲無効」としました。

判決は、**「結婚の歴史は継続性と変化の両面を持つ」**とし、異人種間の結婚の禁止を無効とした過去の判例などに触れ、「結婚を異性のカップルに限定することは長い間自然で正しいと考えられてきたかもしれないが、結婚する基本的権利の中核的意義との矛盾は明白だ」と述べています。その上で、「結婚する権利は人の自由に内在する基本的権利で、憲法の修正14条のデュー・プロセス（法の適正手続）条項などに基づき、同性カップルからこの権利の自由を奪ってはならない」と結論づけています。

また、台湾においては２０１７年、憲法裁判所に当たる司法院が、同性婚を認めない同国民法の規定は同国憲法に違反するとの解釈を示し、これに基づき同性婚を認める民法の改正が行われました。

イタリアにおいては２０１０年、憲法裁判所が婚姻は異性間の結合を指すと判断し、２０１４年にも同様の判断をしました。しかし、同性の当事者間の権利及び義務を適切に定めた婚姻とは別の形式が同国の法制度上存在しないため、この点が同国憲法に違反する旨の判断を示し、この結果、２０１６年に登録パートナーシップ制度を認める法律が成立しました。

ロシアは２０１３年、同性愛行為は禁止しないが、同性愛を宣伝する活動を禁止するための法改正を行い、２０１４年には憲法裁判所も同性愛行為が同国憲法に違反しない旨の判断をしています。

3　地方自治体におけるパートナーシップ制度

性的マイノリティへの理解

現在の日本の状況を見れば、行政やビジネスの分野、そして地域社会などの場においても、性的マイノリティの存在や人権は必ずしも正しく認識・尊重されていません。２０２３年に**「性的指向及びジェンダーアイデンティティの多様性に関する国民の理解の増進に関する法律」**（令和5年法律第68号）が成立公布され、国民へのこの問題に対する啓発を図っているのもそのような状況の存在を裏付けるものといえます。

しかし、少しずつ性的マイノリティの人権保障や社会的地位の向上への試みが拡がり始めているのも事実であり、その大きな動きの1つとして、全国の地方自治体による性的マイノリティのパートナー関係を認める**「パートナーシップ制度」**を挙げることができます。もちろん、この制度には法律上の婚姻に認められている法的効果はありません。

現行制度上、同性のカップルが法律上の婚姻（同性婚）をすることは認められていません。しかし、婚姻まではいかなくても同性カップルが一緒に生活をする上で、行政サービスを提供する地方自治体がこのような制度を全国的に展開していることは、地域住民の理解を進める上でも重要な働きをしていると言えます。

拡がりを見せるパートナーシップ制度

以下の記述は、2021年10月2日KFAW（公益財団法人アジア女性交流・研究フォーラム）の研究報告会における、原田いづみ氏（鹿児島大学法文学部教授・弁護士）の報告「地方自治体におけるパートナーシップ制度の現状と課題」に多く負っています。

パートナーシップ制度とは、条例や要綱などによって、一定の要件を備えた同性のカップルに対し、カップルであることの宣誓書の受領・登録、届出の受理や、地方自治体で契約したパートナーシップ関係を証明、確認する制度をいいます。ただしその内容は、地方自治体により制度設計の工夫や違いがあり、地方自治体によっては同性のカップルだけでなく、異性間の事実婚にまで範囲を拡げているところもあります。

地方自治体による宣誓書の受領、登録など自体にはもちろん法的効果は発生しませんが、公的機関が、受領・登録などをしたことにより、一般的な契約の場面で（例えば、不動産の賃借契約や生命保険、銀行のローン契約など）配偶者と同等の立場として判断してもらえるという事実上の効果が、徐々に拡がっているとされています。また、市立病院や公営住宅の入居の際に、パートナーシップ制度を利用していることで配偶者に準じた扱いとなるなど、パートナーシップ制度そのものに法的効果がないとしても、当該制度を利用するメリットは大きいとされています。

また、パートナーシップ制度により個別のカップルが享受する効果だけでなく、性的マイノリティの婚姻問題に対する地域住民の意識への影響や社会への受容という社会的効果も無視できません。同性婚に関する法制度の行方にも大きく作用する可能性もあり、そうした面でのプラス効果も極めて高いものがあるでしょう。

全国でこの制度の先駆け的導入をしたのは、東京都の渋谷区と世田谷区でした。2015年10月に渋谷区が、同年11月に世田谷区が導入しました。渋谷区の制度は「渋谷区男女平等及び多様性を尊重する社会を推進する条例」と言われています。条例の名称からして、男女の平等と多様性を尊重する社会の実現に向けての強い決意が感じられます。

同性カップルを公的に証明するパートナーシップ制度は、2022年7月現在では200を超えるさまざまな市区町村や都道府県で導入が進んでおり、人口あたりでは50%を超えているとされています。この拡がりは同性カップルに対する地域住民を中心とした人々の理解と関心をもたらすのに極めて大きな影響力があると思われます。さらなる拡大・発展を期待したいと思います。

同性カップルと扶養手当

同性パートナーがいる職員に扶養手当を支給できるかどうか、過日、朝日新聞が全国47都道府県に調査したところ、11の都県が「支給できる」と答えました（2023年9月10日付け）。

扶養手当の対象となる配偶者には「事実婚と同様の事情にある者」が含まれます。人事院は、国家公務員について「事実婚関係の中に同性カップルを含めることはできない」としていますが、自治体では、「同性カップルが含まれる」として扶養手当を支給する動きが拡がっているようです。調査によれば、「支給できる」と答えたのは東京都や岩手県、鳥取県など11都県で、「支給できない」と答えたのは北海道や神奈川県、大阪府など12道府県、過去に申請や相談がなかったなどとして、24県は「未検討・検討中」と回答しました。

各都道府県の扶養手当は、国家公務員の給与法に準拠した条例により規定されています。そして国家公務員の給与法は、扶養手当の対象となる配偶者について「届け出をしないが、事実上婚姻関係と同様にある者を含む」と定めています。この規定を前提に、同性カップルに扶養手当を支給することは法解釈上やや無理があるかもしれません。

そこで、東京都は２０２２年11月、性的少数者のカップルを公的に認めるパートナーシップ宣誓制度を導入し、条例を改正しました。そして、同性パートナーの規定を追加し、扶養親族に「パートナーシップ関係の相手方」も含むと条例に明記しました。パートナーシップ制度を導入する茨城県、長野県、福岡県、佐賀県などは、制度の趣旨を踏まえ、申請があれば支給するとしています。佐賀県の担当者によれば、「県として多様性を認める姿勢を打ち出している」そうです。

他方、大阪府はパートナーシップ制度を導入していますが、「扶養手当は国に準拠している」として「支給できない」と回答しています。群馬県の担当者は、「国を飛び越えた解釈はできない」とし、京都府や徳島県は「条例制定時に同性カップルを想定していなかった」ことを支給できない理由に挙げています。

支給を認める自治体も認めない自治体もそれぞれに理由がありますが、どちらの解釈が妥当かという問題ではなく、同性カップルにどのような視点で臨むのがあるべき姿として求められているか、またその根拠などが問われているように思います。

なお、同性カップルへの扶養手当の支給について、同性であることを理由として認めないのは法の下の平等を定めた憲法に違反するとして、北海道の元職員が「道」などに賠償を求めた訴訟で、札幌地方裁判所は、「道などの規定では事実婚に同性の関係は含まれない」として訴えを退けています。これも1つの解釈ですが、性的マイノリティの権利を保護し、性的指向に基づく差別を禁止しようとする国内や国際社会の流れには反する判断のようにも思います。

同性カップルによる国際結婚

フランスの法律に基づき結婚した日仏の国際同性婚カップルが、日本人側の本籍地に、婚姻届を受理するよう家事審判を申し立てたとの報道がありました（2023年11月14日付け朝日新聞）。このような家事審判の申立ては、おそらく初めてだと思います。フランスは2013年の法律で同性婚を認めているので、この日仏カップルはフランスで婚姻することは何の問題もありません。日本人女性については家族手帳も手渡され、配偶者としてフランスでの滞在許可も得ています。例えば日本では、同性カップルの他方が病院に行くとき同行できるかが問題になりますが、フランスではこの日本人配偶者の付き添いも認められています。法的に守られているのです。

他方、同性婚を認めていない日本ではこのカップルが来日しても、日本人は「独身」として扱われ、フランス人夫は法的には「他人」となるのです。新聞報道によれば、昨年夏にこのカップルが日本に帰国したとき、「フランスで私たちは結婚しているんです」とパートナーを紹介すると、複数の人に冗談として受け流されたといいます。フランスでは1度も経験したことのない反応だったと述べています。日本人パートナーは、「ニュースなどで性的少数者に関する知識は増えても、法律で同性婚が認められていないから、同性婚が国民の共通認識や常識になっていない」と言います。

公益社団法人「Marriage For All Japan」（東京）によると、2001年のオランダを先駆けに、2023年9月の時点で、35の国・地域が同性婚を認めるようになりました。そして、主要7ヵ国（G7）のなかで同性婚や同様の法的権利を国レベルで保障する制度がないのは日本だけでした。日本は、経済先進国なのかもしれませんが、人権後進国であることは疑いない事実のようです。

ところで、このフランスで同性婚をした日本人とフランス人が、その届出事件に関する証書をつくらせたときは、本籍地の市町村長に証書を提出するなどの義務を定めた戸籍法（41条）に基づき、本籍地の市に対してフランスの婚姻証書と婚姻届を提出しました。しかし、本籍地の市は「日本の民法は婚姻は男女間を当然の前提としており、受理は相当でない」として受理しませんでした。そこで2人は、このような不合理かつ差別的な取扱いは認められないとして、市に対して速やかに婚姻届を受理するよう求め、神戸家庭裁判所尼崎支部に家事審判を申立てました。

同性婚訴訟については前に触れましたが、本件は、現行の戸籍法の制度下で認められるべきだと主張しているのが特徴と言えます。審判の前途は厳しいと予測できますが、こうした改革は1つ1つの動きの積み重ねによって目的に少しずつでも近づいていくものなので、注視したいと思います。日本では、海外で同性婚をした日本人とそのパートナーの法的処遇について一切対応していないのが現状であり、同性婚を認める以前に、なんらかの措置が考慮されてもよいのではないかと思います。

4　同性の事実婚は法的保護を受けることができるのか

同性パートナーの不貞行為に対する慰謝料

X及びY（ともに同性）は、２００９年３月から交際を始め、翌年２月から同居しました。２０１４年12月29日には、米国ニューヨーク州法に基づく婚姻として婚姻登録証明書を取得し、翌年５月10日には、日本で結婚式を挙げ、披露宴も開催しました。

その後、X及びYは２人で子を育てることを計画し、２０１５年７月ころ、ＳＮＳを通じて精子提供者を募集したところ、Zが応じました。Yにおいて、２０１６年９月に妊娠が判明したものの流産。しかし、その後もZが精子提供を続けることが決まったため、Xは、同年12月、将来的に子をもうけ、育てるための場所としてマンションの購入契約を締結しました。

Yは、２０１６年12月28日から翌年１月３日までZのアパートに宿泊し、同日、Xに対してZへの好意を伝えたため、翌日に３者で話し合いがもたれ、YがZに連絡を取らないことを約して同居を継続することとなりました。しかしその後、YがXに対して、Zを選ぶことを伝えたことから、両者は同月中に別居を開始することになったのです。

Xは、２０１８年、婚姻外関係解消調停を申し立て、同年12月26日、Yとの婚姻を解消することを合意し、相互に必要な協力をして解消の手続を採るものとする旨の調停に代わる審判がされて、2019年1月31日に確定しました。Yは、同年8月9日、Zとの子を出産し、同月15日にZと婚姻。後にZは性別適合手術を受けて、戸籍上の性別も変更されました。

要するに、本件は、約7年間にわたり同居して事実婚の関係にあった同性カップルの1人が、事実婚の継続中に相手方が他の者と性的関係を持ったことにより、事実婚が破綻したとして損害賠償を求め、婚姻に準ずる関係が破綻したとして損害賠償請求を認めたものです。

原審の判断

原審（宇都宮地裁真岡支部）は、同性の事実婚であっても、不法行為上の保護を受け得るとしました。その理由として、同性の事実婚の実態に着目して、男女間の内縁関係と同視できる生活関係にあるものについては、いわゆる内縁関係に準じた法的保護に値する利益が認められると述べた上、法律婚や男女間の内縁関係で認められる利益の程度とは差異があるとして、慰謝料100万円は認めましたが、Zに対する離婚に伴う慰謝料の請求については、ZがX及びYの関係を破綻させることを意図していたとは認められないとして棄却しています。

これに対してYが控訴し、Xが附帯控訴しました。なお、附帯控訴とは、民事裁判で、第一審判決に対して控訴しなかった当事者（本件ではX）が、相手方の控訴による控訴審において、第一審判決を自己に有利になるように取消し、変更を求める不服申立てのことを言います。

控訴審の判断

本件判決は、XとYはできる限り社会観念上の夫婦と同様の関係を形成しようとしていたのであり、異性間の婚姻に準ずる関係にあったということができるとして、原判決を維持し、控訴及び附帯控訴をいずれも棄却しました。つまり、X・Yの関係を婚姻に準ずる関係としてとらえ、これが破綻したものであるとして、請求を認めたものです。大変重要な判断が示されていますので、本件判決のエッセンシャルな部分について紹介しておきたいと思います。

争点①：権利又は法律上保護される利益の有無

「以上の事実に照らすと、控訴人（Y）及び被控訴人（X）の上記関係は、他人同士が生活を共にする単なる同居ではなく、同性同士であるために法律上の婚姻の届出はできないものの、できる限り社会観念上夫婦と同様であると認められる関係を形成しようとしていたものであり、平成28年12月当時、男女が相協力して夫婦としての生活を営む結合としての婚姻に準ずる関係にあったものということができる。したがって、控訴人及び被控訴人は、少なくとも民法上の不法行為に関して、互いに、婚姻に準ずる関係から生じる法律上保護される利益を有するものというべきである」

「この点、控訴人（Y）は、同性の夫婦関係又は内縁関係については、貞操義務が生じたり、法的保護に値したりする段階にはなく、同性婚の問題は立法によって解決すべき問題であり、また、どこまで同性カップルに法的保護を与えるか基準が不明確である上、さらに、控訴人と被控訴人との生活実態（生活費はお互いに負担し合う関係にあった）からして、同性同士のカップルに過ぎず、両者が同性同士の夫婦関係又は内縁関係にあったとは認められないから、被控訴人には、「他人の権利又は法律上の保護される利益」は認められない旨主張する」

「しかしながら、そもそも同性同士のカップルにおいても、両者間の合意により、婚姻関係にある夫婦と同様の貞操義務などを負うこと自体は許容されるものと解される上、世界的にみれば、令和元年5月時点において、同性同士のカップルにつき、同性婚を認める国・地域が25を超えており、これに加えて登録パートナーシップなどの公的に認証する制度を採用する国・地域は世界中の約20%に上っており、日本国内においても、このようなパートナーシップ制度を採用する地方自治体が現れてきているといった近時の社会情勢などを併せ考慮すれば、控訴人及び被控訴人の本件関係が同性同士のものであることのみをもって、被控訴人が……法律上保護される利益を有することを否定することはできない」

争点②：控訴人（Y）が故意又は過失により被控訴人（X）の権利又は法律上保護される利益を侵害したか否か

「前記のとおり、控訴人及び被控訴人は、互いに、婚姻に準ずる関係から生じる法律上保護される利益を有していることからすれば、控訴人が被控訴人以外の者と性的関係を結んだことにより、本件関係の解消をやむなくされた場合、被控訴人は、被控訴人の有する不法行為に関して法律上保護される利益が侵害されたものとして、控訴人に対し、その損害の賠償を求めることができると解すべきである」

なお、本件の上告審である最高裁判所も原審を支持し、確定しました。

本件の原判決は、同性カップルの関係を男女間の内縁関係と必ずしも同等とは見ないで、差異を設けています。しかし、本件判決は原判決とは異なり、同性カップルの関係を婚姻に準ずるものとして、内縁と同等のものと捉え、保護の程度については男女の関係かどうかより、生活実態に着目して判断したものということができます。また、本判決は同性のパートナーシップ関係を積極的に捉えるもので、日本のパートナーシップ制度の拡がりを後押しする意義を有するものと評価できます。いずれにしても、同性カップルの事実婚について、新しい判断を示したものとして重要な判例と言えるのではないでしょうか。

同性パートナーと遺族給付を巡って

同性パートナーを殺害された男性について、愛知県公安委員会が同性であることを理由に「犯罪被害者給付金」を不支給としたのは違法として、不支給処分の取消しを求めた訴訟がありました。報道によると、最高裁判所は２０２４年1月17日、双方の意見を聞く上告審を３月

5日に開くことを決めたとのことです。この弁論は、この事件に対する第一審、第二審の結論（いずれも原告側の請求を認めていない）を変更するのに必要な手続と言われています。つまり、「同性同士は支給の対象外」と判断して原告側敗訴とした本件第一審、第二審の判決が見直される可能性があることになります。同性パートナーが公的給付金の支給要件を満たすか否かについて、最高裁判所が判断するのは初めてのケースです。

第一審、第二審の判決によりますと、男性は2014年、20年以上にわたって同居してきた同性パートナーを殺害されました。男性は2016年に国の犯罪被害者給付制度に基づき遺族給付金の支給を申請しましたが、県公安委員会は2017年に2人が同性同士だったことから不支給としました。男性は18年に処分の取消しを求めて提訴しました。

犯罪被害者給付金支給法は、配偶者だけでなく、「**事実上婚姻関係と同様の事情にあった者**」も給付の対象に含むと定めています。訴訟では、同性であってもこの規定が該当しうるかが争われました。

2020年6月の第一審の名古屋地方裁判所判決は、同性の共同生活への理解が浸透し、差別解消への動きが進んでいるとしつつ、「社会的な議論の途上にあり、婚姻と同視できるとの社会通念が形成されているとはいえない」とし、原告側の請求を棄却しました。2022年8月の第二審の名古屋高等裁判所も「婚姻の届け出ができる関係が必要だ」と述べて、第一審の結論を支持しました。

同性カップルのパートナーシップの認定をめぐっては、既に触れたように2019年の宇都宮地方裁判所真岡支部が「同性カップルであっても内縁に準じた法的保護に値する」との見解を示しています。2020年3月の東京高等裁判所での判決でも、内縁が認められています。最高裁判所も2021年3月、「同性カップルも婚姻に準じた関係であり法的保護の対象になる」と認めています。

こうした流れを見ていると、今回の裁定においても、同性カップルも婚姻に準じた関係であり、法的保護の対象になることを踏まえ、犯罪被害者給付制度の支給対象だとする判断が示されることを期待したいと思います。前段で述べた「扶養手当」についても基本的には同じ扱いに変更されることが望ましいです。基本は「同居生活」を継続しているところにあるからです。

同性パートナーも支給対象へ

「同性パートナーも犯罪被害の遺族給付金の支給対象となり得る」。最高裁第三小法廷は、2024年3月26日、同性パートナーが犯罪被害者など給付金支給法に基づく遺族給付を受けることができるかが争われた事件で、同法の目的は「遺族の精神的・経済的打撃を早期に軽減し、被害者の権利が保護される社会の実現に寄与すること」だと指摘し、同法の目的を踏まえて文言の解釈もする必要があるとしました。その上で、異性間の事実婚に給付金が支給されているのは、相手を失った打撃は法律婚の場合と同じだからであり、こうした点は「(パートナーが）異性が同性かによって異なるとは言えない」と同性パートナーも対象に含まれると結論づけ、このような場合は「支給対象にならない」とした前記二審の名古屋高裁の判断を破棄して、審理を高裁に差し戻しました。

この最高裁判決は、単なる1つの法解釈に関する判決例としてではなく、人間の尊厳に関する深い洞察のもとに具体的な法の目的を解釈し、従来の形式的判断の非を明らかにしたものとして高く評価されるべきものでしょう。

第5章 生存権を保障する生活保護

1 生活保護法とは何か

生存権を保障する

2023年11月30日、名古屋高等裁判所で極めて注目すべき民事判決がありました。これは、2012年から段階的に行われた生活保護の基準の引き下げ（支給額の減額を伴う）について、名古屋高等裁判所が減額処分の取消しと国家賠償を命じる判決を言い渡したものです。「**生活保護減額取消し訴訟**」とも呼んでいます。この訴訟は、生活保護法に基づく生活保護費の支給について2013年から段階的に引き下げられ、最低限度に満たない生活状況を強いられているとして、愛知県内の生活保護受給者が国や自治体を訴えた裁判でした。

本件の判決内容などについては後で触れることにして、まず生活保護法の基本的仕組みのようなものを素描しておきたいと思います。そのほうが本件判決の理解の助けにもなると思います。

憲法第25条には、「①すべて国民は、健康で文化的な最低限度の生活を営む権利を有する。②国は、すべての生活部面について、社会福祉、社会保障及び公衆衛生の向上及び増進に努めなければならない。」と記されています。これがいわゆる「**生存権規定**」と呼ばれる権利規定です。憲法が、日本社会が福祉国家として立ちゆくことを宣言した非常に重要な規定です。しかし、この規定だけでは実効的な運用は不可能です。そのために憲法の理念規定を実際に運用するための法律が必要となります。その法律が「**生活保護法**」（昭和25年法律第１４４号）です。

生活保護法は、憲法25条の理念に基づいて、国が生活に困窮するすべての国民に対し、その困窮の程度に応じて必要な保護を行い、最低限度の生活を保障するとともに、その自立を助長することを目的とするものです（同法第1条）。生活に困窮する国民がいるときに、それがどのような原因に基づくものであれ、**国が放置することはそれ自体が重大な人権侵行為**と言わなければなりません。生活保護法の目的を達成するために、以下に生活保護法が規定する基本原理・原則を素描しておきます。

生活保護法の基本

まずは、生活保護法の「基本原理」についてみていきたいと思います。

【基本原理】

①国家責任による最低生活保障の原理

生活保護法は、日本国憲法第25条に規定する生存権規定の理念に基づき、国が生活に困窮するすべての国民に対し、その困窮の程度に応じて必要な保護を行い、その最低限度の生活を保障するとともに、その自立を助長することを目的とする（同法第1条）。

②無差別平等の原理

生活に困窮するすべての国民は、法の定める要件を満たす限り、法による保護を無差別平等に受けることができる（同法第2条）。

③最低生活保障の原理

法により保障される最低限度の生活は、健康で文化的な生活水準を維持することができるものでなければならない（同法第3条）。

④補充性の原理と例外

法による保護は、生活に困窮する者がその利用し得る資産、能力その他あらゆるものを、その最低限度の生活の維持のために活用することを要件として行われる。

民法に定める扶養義務者の扶養及び他の法律に定める扶助は、すべてこの法律による保護に優先して行われるものとする。しかし、急迫した事由がある場合は、必要な保護を行うことを妨げるものでない。

この④の**補充性の原理は留意する必要があります**。まず、生活に困窮するだけでは生活保護請求はできません。自分が利用できる資産（預金などの金銭、株式、不動産など）、あるいは稼働能力などがあればそれらを活用しても「生活に困窮する状態」であることが必要です。また、法律で扶助すべき者があるときは、この者による扶助が優先されます。こうした者が存在しない場合に初めて生活保護の請求が可能となります。もっとも、こうした補充性の要件が満たされていない場合でも、急迫した事由がある場合には必要な保護がなされることもあります。

【基本原則】

①申請保護の原則

法による保護は、要保護者、その扶養義務者又はその他の同居の親族の申請に基づいて開始するものとする。ただし、要保護者が急迫した状況にあるときは、保護の申請がなくても、必要な保護を行うことができる（同法第7条）。

②基準及び程度の原則

保護は、厚生労働大臣の定める基準により測定した要保護者の需要を基とし、そのうち、その者の金銭又は物品で満たすことのできない不足分を補う程度において行われる。その基準は、要保護者の年齢別、性別、世帯構成別、所在地域別その他保護の種類に応じて必要な事情を考慮した最低限度の生活の需要を満たすに十分なものであって、かつ、これを超えないものでなければならない（同法第８条）。

③必要即応の原則

法による保護の決定及び実施については、要保護者の年齢別、性別、健康状態などその個人又は世帯の実際の必要の相違を考慮して、有効かつ適切に行うものとする（同法第９条）。

④世帯単位の原則

法による保護は、世帯を単位としてその要否及び程度を定める。ただし、これによりがたいときは個人を単位として定めることができる（同法第10条）。

どのように保護するのか

生活保護は、①生活扶助、②教育扶助、③住宅扶助、④医療扶助、⑤介護扶助、⑥出産扶助、⑦生業扶助、⑧葬祭扶助の８種類の扶助に分けられ、それぞれ最低生活を充足するに必要とされる限度について具体的な支給範囲が定められています（同法第11条）。それぞれの扶助は、要保護者の必要に応じて単給又は併給として行われます。

次に保護の方法としては、金銭給付と現物給付があり、生活、教育、住宅、出産、生業及び葬祭の各扶助は金銭給付を原則としていますが、医療扶助及び介護扶助については、若干の例を除いて現物給付を原則としています。

保護は、都道府県知事、市長及び社会福祉法に規定（福祉事務所を管理する市町村長）が保護の実施機関として、その所管区域内に居住地又は現在地を有する要保護者に対して保護を決定して実施する義務を負っています。

以上、生活保護法の基本項目について素描してきました。ちなみに厚生労働省の調査によると、現在の生活保護受給者数は約２０４万人、生活保護受給世帯数は約１６４万世帯で高齢者世帯が増加しているとされています。

２　段階的に引き下げられた生活保護費

月１万６千円の減額

さて、「生活保護減額取消し訴訟」に話を戻したいと思います。本件は、国が２０１３年から２０１５年にかけて段階的に生活保護基準額を引き下げたことにより、最低限度にも満たない生活を強いられているとして愛知県内の受給者が①基準引き下げの取消しと、②国に国家賠償を求めたものでした。

同様の訴えは全国で30件あり、既に一審判決が出た22件のうち、基準の引き下げを違法とした判断は12件に上っています。名古屋高裁の判断は高裁段階のものとしては２０２３年４月の大阪高裁判決に続く2件目です。前記の大阪高裁の判決は一審判決を覆して国の引き下げを違法としましたが、今回の名古屋高裁の判決は引き下げを違法とした上で、初めて国の賠償責任も認めました。

保護基準引き下げ決定をめぐる一連の訴訟で国側は11勝13敗ですが、この数字からも国の基準引き下げにかなり問題のあったことが推測できます。2013年度の生活保護世帯は約159万世帯（約216万人）であり、政府は基準を3年間で平均6・5％、最大10％引き下げ、計約670億円の保護費を削減しました。都市部の夫婦と子ども1人世帯の場合、月1万6千円の減額だと言われています。これはかなり厳しい引き下げというべきでしょう。

このような減額を利用者全員に適用すると、その対象は210万人以上になります。受給者が訴訟を起こしてでも基準の引き下げ処分を争うのは、減額の影響が、生活に強い影響を与えていたものであったことを推測させます。「**最低限度の生活を営む権利**」が侵害されている可能性は極めて高いでしょう。さらにこの基準額は他の制度にも連動します。厚生労働省によると、保育料や国民年金保険料の減免など、生活保護基準が所得条件の基準となっている国の支援制度は47種類にわたっているとされています（2023年12月1日付け朝日新聞）。

生活保護バッシングの激化

国は、2013年、2018年度に基準を引き下げた際、自治体などに他の制度への影響が出ないよう対応を求めました。しかし、2013年度に引き下げた際には、一部の自治体が就学支援の支給対象を縮小したと言われており、2012年にはお笑い芸人の母親の生活保護受給が明らかになり、「**生活保護バッシング**」が激化したりもしました。この異例の引き下げの背景にあるのは、2012年末の衆議院選挙で「生活保護の1割カット」を公約に掲げた自民党が政権に復帰したことがあります。最低限度の生活に耐えている生活保護者の受給額を正当な根拠もなく政策として引き下げるとは、どのような人権感覚の持ち主のアイデアであろうかといわざるを得ません。この生活保護基準の運用が他の多くの分野においても連動することは前記のとおりですが、私たちが忘れてはならないのは、これらの対象者の皆さんはいずれも(言葉は的確ではありませんが)生活弱者であるということです。そういう人々を対象として支給額などの減額を考えるのは、最後の最後の段階でなければなりません。「人間が生きる」ということについて、もっと瑞々しい人権感覚を身につけて欲しいものです。

ところで、本稿執筆中に噴出した、自民党の派閥のパーティーでの収入金の一部を議員がキックバックをうけ、それを収支報告書に記載していない疑いが果てしなく拡大しているニュースを連日聞かされています。こういう人たちが生活保護基準の引き下げを口にするなど、論外と言わなければなりません。本当の福祉国家を目指す政治家には、こんな理不尽なことを平気でやる人はいないでしょう。

論理性を欠いた引き下げ

　さて本件名古屋高裁は、「国は支給額を引き下げる改定の際、**学術的な裏付けや論理的な整合性を欠いた、厚生労働省独自の指数を用いて物価の下落率を算定**するなどしており、厚生労働大臣の裁量権の範囲を逸脱していることは明らかで、生活保護法に違反し、違法だ」と指摘しています。その上で、「違法な改定を行った厚生労働大臣には重大な過失がある。過去に例のない大幅な生活扶助基準の引き下げで、影響は生活保護受給者にとって非常に重大であり、原告らはもともと余裕のある生活ではなかったところを、支給額の引き下げ以降、**9年以上にわたり、さらに余裕のない生活を強いられ、引き下げを取り消しても精神的苦痛はなお残る**」として、引き下げを取り消すとともに、**国に対して、原告13人全員に慰謝料として1人あたり1万円の賠償を命じました**。

　原告の弁護団によりますと、同様の集団訴訟は全国29ヵ所で起こされていますが、国に賠償を命じた判決は初めてとのことです。今回の判決が問題視したのは、減額に至る2つの手法でした。1つ目は、一般低所得世帯との比較を通じた専門家の検証に基づく調整を、厚生労働省がひそかに半分にとどめて必要な引き上げをしなかったことです。「激変緩和」との説明は成立しないとも指摘されています。2つ目は、厚生労働省が独自に算定した指数をもとに、専門家にも諮らずに、この時だけ物価下落分の調整をした点についても判決は厳しく批判しています。受給世帯の生活状況に全く合わない政策判断で、その妥当性について専門技術的な検討をした様子も見られないとしています。まさに「引き下げ」を当然の前提とした政策判断が先行した結果というべきでしょう。

厚生労働省は、「生存権」という人権軽視への司法からの鋭い警鐘として真摯に受け止めるべきだと思います。なによりも「引き下げありき」の結論を前提とし、そのような結論を導く手法そのものに大きな問題があったことは特別に留意されるべき点です。少なくとも、本件のような基準の引き下げの結論を導くにあたって、「生活保護受給者保護」の視点が欠落していたのは厚生労働省の看板が泣くというものです。

選挙公約への忖度

なお、最近の生活保護に関する訴訟の1つで注目すべき判断がされたので、ここで紹介しておきます。

2024年2月22日、国が生活保護費の基準額を2013年から2015年に最大1割引き下げたのは違法だとして、三重県内の受給者が自治体の減額処分の取消しを求めた訴訟の判決で、津地方裁判所は減額の背景に「自民党の選挙公約への忖度があったと推認できる」と指摘し、減額処分を違法として、当該処分を取消しました。

この判決の中で、「憲法が保障する『最低限度の生活』を具体的に設定するためには、高度な専門的な考察に基づく政策判断が必要で、専門的な知見を無視した政治的判断をすることは許されない」と指摘。その上で、引き下げ決定を巡って厚労相は考慮すべきではないことを考慮したと批判しました。具体的には、2012年の衆議院選挙で、自民党は生活保護費の1割減を選挙公約に掲げていたとして、こうした状況を背景に、厚労相が専門的知見を度外視して拙速に引き下げたとした上で、その理由は「政治的方針を実現しようとしたものとみるほかない」と指摘しています。

こうした判断の過程や手続きには「全体として過誤又は欠落があった」とし、これに基づく各自治体の処分も違法と結論づけました。判決としては、珍しく政治的判断に直接的判決の論理の基本を取り入れた勇気のある判断がされたものとして評価したいと思います。この問題は、生活に困窮する人々を対象とした「生活保護費」に関する、まさに憲法の規定する「最低限度の生活の保障」に関わる基本的人権そのものの問題であり、そうした問題に政権政党の選挙公約を忖度して対応するなど論外ではないでしょうか。

第6章 婚姻における夫婦の「氏」の選択

1 夫婦同氏はどのように定着したのか

明治から続く夫婦同氏

日本において、日本人同士で婚姻した際の「氏」のルールはどのようになっているでしょうか。こうした問いかけには殆どの日本人は的確に答えます。いわく、民法の第750条には夫婦の氏について**「夫婦は、婚姻の際に定めるところに従い、夫又は妻の氏を称する。」**とされている、ということはいわば常識レベルと言っても過言ではないでしょう。現行の民法の施行からもう77年が経過しているので、それは当然のことかと思います。

ところで、夫婦が同じ氏を称するという慣行が定着したのは、明治時代と言われています。1898（明治31）年に施行された戦前の民法では、戸主と家族は「家」の氏を名乗ることとされていたため、夫婦は同じ氏を称するという制度が採用されました。明治民法の746条には「戸主及ヒ家族ハ其家ノ氏ヲ称ス」とあり、また、768条には「妻ハ婚姻ニ因リテ夫ノ家ニ入ル」とありました。つまり、妻は婚姻により夫の「家」に入ります。そして、妻の氏はどうなるかというと、746条によりその家の氏を称しますから、結果的に、夫婦は同じ氏を称することになっていました。しかし、夫婦同氏といっても現行民法の「夫婦同氏」とは全く理念は異なります。最高裁は第1次夫婦別姓訴訟の判決の中で「夫婦同氏の原則」は明治時代からの日本の伝統であると述べていますが、これはいささか正確性を欠いた表現と言えます。

また、明治時代より前は、そもそも庶民には「氏」を名乗ることは許されていませんでした。第2次世界大戦後の1947（昭和22）年に施行された現行民法で「夫婦は、婚姻の際に定めるところに従い、夫又は妻の氏を称する。」とされました。しかし、ここまでくるには随分紆余曲折がありました。当時はまだまだ「夫の氏」優先の考え方を主張する見解も有力だったのです。しかし、さすがに新憲法のもとでこの考え方を採用するのは無理だったようです。結局、現行の750条のかたちにおちつきました。これが現在の制度です。

100組中96組は夫の氏

現行民法の750条は前記のとおり「夫婦は、婚姻の際に定めるところに従い、夫又は妻の氏を称する。」としています。この条文の解釈は決して難しいものではありません。甲野太郎さんと乙野花子さんが婚姻するときは、2人の協議により、甲野か乙野のどちらかを夫婦の

「氏」として決めて届け出てください、という趣旨です。注意すべきは、夫となる人の氏と妻となる人の氏以外の第3の氏は選択の対象とはなっていないことです。こうして見ると、夫の氏と妻の氏のどちらを選んでもいいわけなので、民法750条は形式的に見れば夫婦に平等な規定と言えます。しかし、これは現在においては、まさに**形式的な合理性を欠く解釈論**に過ぎません。

法務省の作成による資料によると、**夫の氏にする夫婦の割合**は次のようになっています。これは厚生労働省が取りまとめた「人口動態統計」からの資料です。

1995年➡約97・4%　2000年➡約97・0%　2005年➡約96・3%
2010年➡約96・3%　2015年➡約96・0%　2020年➡約95・5%

この数字からも推測できるように、100組の男女が婚姻すると、そのうちの約96組は婚姻後に「夫」の氏を選んでいることになります。読者の皆さんはこの数字を見てどう思われますか。私は、この選択の実態は極めて問題を含んでいると思っています。

夫婦同氏が生み出す差別

2015年12月26日のいわゆる第1次の夫婦別姓訴訟で、原告は民法750条の規定（夫婦同氏の規定）が、96％以上の夫婦が夫の氏を選択するという性差別を発生させ、殆ど女性のみに「氏変更」の不利益を負わせる効果を有する規定であるから、憲法14条1項に違反すると主張しました。これに対して、最高裁の判決は以下のように述べて、民法750条は憲法14条1項に違反しないとしました。

「そこで、検討すると、本件規定（民750条）は、夫婦が夫又は妻の氏を称するものとしており、夫婦がいずれの氏を称するかを夫婦となろうとする者の間の協議に委ねているのであって、その文言上性別に基づく法的な差別的な取扱いを定めているわけではなく、本件規定の定める夫婦同氏制それ自体に男女間の形式的不平等が存在するわけではない。我が国において夫婦となろうとする者の間の個々の協議の結果として夫の氏を選択する夫婦が圧倒的多数を占めることが認められるとしても、それが、本件規定の在り方自体から生じた結果であるということはできない。したがって、本件規定は、憲法14条1項に違反するものではない」

確かに判決がいうように、民法750条が定める夫婦同氏制自体に男女間の形式的不平等が存在するわけではありません。したがって、夫婦の選択する氏が圧倒的に夫の氏であるとしても、それが750条から生じた結果ということはできない、という論理は間違っているわけではありません。むしろその通りなのです。しかし、そのような結果が夫婦になろうとする者の真摯な協議に拠ることなく生じているとしたら、やはりそれは制度上の問題があると捉えるべきではないでしょうか。その意味で最高裁の論理はいささか我田引水的ではないかとの疑念があります。

最高裁の判断はいかにも形式的判断で、日本における夫婦の氏の選択の実態の問題点と背景に迫ろうとする姿勢は皆無と言えます。瑞々しい人権感覚の片鱗も感じられないと思うのは私だけでしょうか。96％のカップルが「氏」について真摯に協議した上で、「夫」の氏を届け出ることなどあり得ないことは半ば常識ではないでしょうか。

明治民法から現行民法に至る過程で形成されてきた、「婚姻すれば夫の氏を名乗る」という実態は、半ば慣習法化していたと言っても過言ではありません。その理由の1つは、明治民法当時の男性優位の法律の影響です。とりわけ「家」制度と戸主の優越的地位による男性優位思想の認識の高まり、男女間の関係における男性優位の思想の徹底、つまり、生活運営の主体は「男性」であり、「女性」は男性の下部《しもべ》的存在という社会認識が拡大しました。そして、そうした意識が新憲法下においても伝統的に引き継がれてきたと指摘することができます。

夫婦平等のために

さすがに最高裁の前記判決も前記のような判断に徹しきることには抵抗があったらしく、同判決で次のようにも述べています。

「もっとも、氏の選択に関し、これまでは夫の氏を選択する夫婦が圧倒的多数を占めている状況にあることに鑑みると、この現状が、**夫婦となろうとする者双方の真に自由な選択の結果によるものかについて留意が求められるところであり、**仮に、**社会に存する差別的な意識や慣習による影響があるのであれば、その影響を排除して夫婦間に実質的な平等が保たれるように図ることは、憲法14条1項の趣旨に沿うものであるといえる。**そして、この点は、氏を含めた婚姻及び家族に関する法制度の在り方を検討するに当たって考慮すべき事項の1つというべきであり、後記の憲法24条の認める立法裁量を超えるものであるか否かの検討に当たっても留意すべきものと考えられる」

この部分の論旨そのものは当を得たものと評価できます。しかし、そこで述べられている問題認識はまさに将来の改正の際の問題としてではなく、今（本件判決の時点）まさに論じる必要のあった論点ではないでしょうか。現行民法750条のような規定が立法趣旨どおりに運用されるためには何よりも男女間の精神的・経済的な実質的平等が現実化することが前提条件となるものでしょう。同判決のいう「**社会に存する差別的な意識や慣習による影響があるのであれば……**」ではなく、96%という数字の原因はまさにそれが中心的原因となっての結果と捉えるべきなのです。国民にとって最高裁が「人権」の最後の砦である以上、判決に述べられているような甘い認識ではなく、より現実的な認識・理解を持っていただきたいと願うばかりです。

2 憲法違反を問う裁判官の言葉

社会と国民意識の変化

第1次夫婦別姓訴訟において、原告側は民法750条の夫婦同氏制に関する規定は憲法13条、14条1項、24条1項及び2項などに違反すると主張し、本件規定を改廃する立法措置を採らないという立法不作為の違法を理由に、被上告人（国）に対し、国家賠償法1条1項に基づき損害賠償を求めた事案で、最高裁大法廷はいずれの原告側の主張を退けました（判決の詳細は拙著『揺れる家族法―論点と改革の動向―』2022年・テイハン・18頁以下参照）。

しかし、この判決の中で岡部喜代子裁判官は、民法750条の規定が憲法に違反しないとする多数意見には同調できないとして、「意見」を述べられています。この意見は今日の問題認識としても極めて説得力を持つもので私は高く評価しています。そこで少し長くなりますが、岡部裁判官の「意見」を紹介し、読者の皆さんの思考の参考に供したいと思います。じっくり読んでみてください。

岡部裁判官は論旨を2つに分け、1つは、民法750条の夫婦同氏の原則の憲法適合性について、この規定の1947年の民法改正時の憲法24条適合性と、もう1つは、本件規定の現時点（本件訴訟の提起時・2011年から2015年当時）での憲法適合性を論じています。時代と社会の変化と国民の意識の変化を論理の背景に入れて事件を見ています。

【岡部喜代子裁判官の「意見」】

●本件規定の昭和22年民法改正時の憲法適合性について

「夫婦同氏の制度は、明治民法（昭和22年法律第222号による改正前の明治31年法律第9号）の下において、多くの場合妻は婚姻により夫の家に入り、家の名称である夫の氏を称することによって実現されていた。昭和22年法律第222号による民法改正時においても、夫婦とその間の未成熟子という家庭を念頭に、妻は家庭内において家事育児に携わるという近代的家族生活が標準的な姿として考えられており、夫の氏は婚姻によって変更されず妻の氏が夫と同一になることに問題があるとは考えられなかった。実際の生活の上でも、夫が生活を担い、妻はそれを助けあるいは家事育児を担うという態様が多かったことによって、妻がその氏を変更しても特に問題を生ずることはなかったといえる。本件規定は、夫婦が家から独立し各自が独立した法主体として協議してどちらの氏を称するかを決定するという形式的平等を規定した点に意義があり、昭和22年に制定された当時としては合理性のある規定であった。従って、本件規定は、制定当時においては憲法24条に適合するものであったといえる。」

●本件規定の現時点（本件訴訟提起時の平成23年ころから同27年当時）の憲法適合性について

「ア　ところで、本件規定の制定後に長期間が経過し、近年女性の社会進出は著しく進んでいる。婚姻前に稼働する女性が増加したばかりではなく、婚姻後に稼働する女性も増加した。その職業も夫の助けを行う家内的な仕事に止まらず、個人、会社、機関その他との間で独立した法主体として契約などをして稼働する、あるいは事業主体として経済活動を行うなど、社会と広く接触する活動に携わる機会も増加してきた。そうすると、婚姻前の氏から婚姻後の氏に変更することによって、当該個人が同一人であるという個人の識別、特定に困難を引き起こす事態が生じてきたのである。そのために婚姻後も婚姻前の氏によって社会的経済的な場面における生活を継続したいという欲求が高まってきたことは公知の事実である。そして、識別困難であることは単に不便であるというだけではない。例えば、婚姻前に営業実績を積み上げた者が婚姻後の氏に変更したことによって外観上その実績による評価を受けることができないおそれがあり、また、婚姻前に特許を取得した者と婚姻後に特許を取得した者とが同一人と認識されないおそれがあり、あるいは論文の連続性が認められないおそれがあるなど、それが業績、実績、成果などの法的利益に影響を与えかねない状況となることは容易に推察できることである。氏の第一義的な機能が同一性識別機能であると考えられることからすれば、婚姻によって取得した新しい氏を使用することによって当該個人の同一性識別に支障の及ぶことを避けるために婚姻前の氏使用を希望することには十分な合理的理由があるといわなければならない。このような同一性識別のための婚姻前の氏使用は、女性の社会進出の推進、仕事と家庭の両立策などによって婚姻前から継続する社会生活を送る女性が増加するとともにその合理性と必要性が増していているといえる。現在進行している社会のグローバル化やインターネットなどで氏名が検索されることがあるなどの、いわば氏名自体が世界的な広がりを有するようになった社会においては、氏による個人識別の重要性はより大きいものであって、婚姻前からの氏使用の有用性、必要性は更に高くなっているといわねばならない。我が国が昭和60年に批准した「女子に対するあらゆる形態の差別の撤廃に関する条約」に基づき設置された女子差別撤廃委員会からも、平成15年以降、繰り返し、わが国の民法に夫婦の氏の選択に関する差別的な法規定が含まれていることについて懸念が表明され、その廃止が要請されているところである。

イ　次に、氏は名との複合によって個人識別の記号とされているのであるが、単なる記号にとどまるものではない。氏は身分関係の変動によって変動することから身分関係に内在する血縁ないし家族、民族、出身地など当該個人の背景や属性などを含むものであり、氏を変更した一方はいわゆるアイデンティティを失ったような喪失感を持つに至ることもあり得るといえる。そして、現実に96％を超える夫婦が夫の氏を称する婚姻をしているところからすると、近時大きなものとなってきた上記の個人識別機能に対する支障、自己喪失感などの負担は、ほぼ妻について生じているといえる。夫の氏を称することは夫婦となろうとする者双方の協議によるものであるが、96％もの多数が夫の氏を称することは、女性の社会的経済的な立場の弱さ、家庭生活における立場の弱さ、種々の事実上の圧力など様々な要因のもたらすところであるといえるのであって、夫の氏を称することが妻の意思に基づくものであるとしても、その意思決定の過程に現実の不平等と力関係が作用しているのである。そうすると、その点の配慮をしないまま夫婦同氏に例外を設けないことは、多くの場合妻となった者のみが個人の尊厳の基礎である個人識別機能を損ねられ、また、自己喪失感といった負担を負うこととなり、個人の尊厳と両性の本質的平等に立脚した制度とはいえない。

ウ　多数意見は、氏が家族という社会の自然かつ基礎的な集団単位の呼称であることにその合理性の根拠を求め、氏が家族を構成する一員であることを公示し識別する機能、またそれを実感することの意義などを強調する。私もそのこと自体に異を唱えるわけではない。しかし、それは全く例外を許さないことの根拠になるものではない。離婚や再婚の増加、非婚化、晩婚化、高齢化などにより家族形態も多様化している現在において、氏が果たす家族の呼称という意義や機能はそれほどまでに重視することはできない。世の中の家族は多数意見の指摘するような夫婦とその間の嫡出子のみを構成員としている場合ばかりではない。民法が夫婦と嫡出子を原則的な家族形態と考えていることまでは了解するとしても、そのような家族以外の形態を法が否定しているわけではない。既に家族と氏の結び付きには例外が存するのである。また、多数意見は、氏を改めることによって生ずる上記の不利益は婚姻前の氏の通称使用が広まることによって一定程度は緩和され得るとする。しかし、通称使用は便宜的なもので、使用の可否、許される範囲などが定まっているわけではなく、現在のところ公的な文書には使用できない場合があるという欠陥がある上、通称名と戸籍名との同一性という新たな問題も惹起することになる。そもそも通称使用は婚姻によって変動した氏では当該個人の同一性の識別に支障があることを示す証左なのである。既に婚姻をためらう事態が生じている現在において、上記の不利益が一定程度緩和されているからといって夫婦が別の氏を称することを全く認めないことに合理性が認められるものではない。

エ　以上のとおりであるから、本件規定は、昭和22年の民法改正後、社会の変化とともにその合理性は徐々に揺らぎ、少なくとも現時点においては、夫婦が別の氏を称することを認めないものである点において、個人の尊厳と両性の本質的平等の要請に照らして合理性を欠き、国会の立法裁量を超える状態に至っており、憲法24条に違反するものといわざるを得ない。」

以上が岡部裁判官の「意見」の内容です。

法律は社会と共に変わるべき

前にも触れたように、私は岡部裁判官の「意見」には全く同感であり、なぜこの意見が多数意見とならないのか不思議に思っています。なお、この岡部意見には、2人の女性裁判官が同調していることも強調しておきます。しかし、なぜ男性の裁判官の中にこの岡部意見に同調する人が皆無だったのでしょうか。これまた不思議でなりません。

　さて、憲法であれ法律であれ、施行後に改正が必要となる事態が現出するのは極めて自然のことです。社会は常に変化し、人々の意識も何事であれ常に固定されているわけではありません。現行憲法も施行から80年になろうとしています。当然現在の国民生活と間尺に合わない部分が出てくるのは極めて自然のことではないでしょうか。それを正すのは、本来立法機関である国会の役割です。

　しかし、国会の現状はそのような期待に応える可能性は極めて低いと言わねばなりません。ある法律のある条項が最高裁によって「違憲」と判断されても、速やかにその法律を改めようともしないのが現実です。そうなると、そうした問題を孕んだ条項を改めるためには訴訟の手段に訴えるしか効果的な方法はありません。そこに司法の大きな役割があるわけです。その時に、司法の下す判断は非常に大きな影響を与えます。訴訟における原告の主張を認めるかどうかは裁判所の専権事項です。主張が認められるにしろ、認められないにしろ、原告側が期待するのは裁判所が原告の主張に真摯に対応し、裁判の結果が勝訴であるにせよ敗訴であるにせよ裁判所の判決の論理にある程度の納得を伴うような内容であることではないかと思います。

　さて「岡部意見」です。夫婦同氏制についてその憲法適合性を現行民法施行時と本件訴訟提起時に区分して、その両時期における「夫婦同氏制」の果たしている現実の作用面に着眼し、その両時期における家族構造の多様化、女性の社会的進出の実態などを鋭く分析され、その間における「氏」の果たす作用に大きな変化があり、その変化が「女性」に対していかに大きな「不利益」と「精神的苦痛」を伴っているかを実証され、夫婦同氏制度の例外を設ける必要性を説いておられます。時代変化の実質、女性の活動範囲の拡大、「氏」に関する意識変化を、夫婦同氏の正当性への疑問として論理を展開されています。まさに「間然するところのない」論理が静かな、しかし確固とした人権感覚を背景にして**「法の番人」**としての論理が展開されています。これが今からほぼ10年前のものなのです。最高裁の中でこうした意見が多数派を形成することを期待したいと思います。

3 「選択的夫婦別氏制度」に向けて

夫婦別姓における最高裁判決（2015年）

この判決では、「夫婦同氏制度」の意義について①社会の構成要素である家族の呼称としての意義、②家族を構成する一員であることを対外的に公示し、識別する機能、③家族を構成する個人が家族という1つの集団を構成する一員であることを実感することへの意義、④子の立場として、いずれの親とも等しく氏を同じくすることによる利益を享受しやすいといえる、などを指摘しています。

また、選択的夫婦別氏制度については、そのような制度に合理性がないと断ずるものではないが、この種の制度の在り方は、国会で論ぜられ、判断されるべき事柄にほかならないというべきである、と判示しています。

こうした説示は極めて通り一遍の論理で、例えばそこで説かれている夫婦同氏制度の意義はそういう側面もあるという程度の説示であり、家族形態の多様化という視点は無視されています。いずれにしても、そこで説かれている論理は「夫婦同氏制度」に例外を設けることを否定する根拠づけにはなっていません。また、最近は渉外婚姻が増加の傾向にあります（2022年の統計では1万7千件に増加しています）が、そこでは夫婦同氏の原則は適用されません。完全な夫婦別氏制となっています。したがって、最高裁の論理は十分なものとは言えません。

選択的夫婦別氏制度とは

「夫婦同氏制度」の例外を認めるとした場合、法務省などで具体的に検討されてきたのは「選択的夫婦別氏制度」でした。選択的夫婦別氏制度とは、夫婦が望む場合には、婚姻後も夫婦がそれぞれ婚姻前の氏を称することを認めようとする制度です。

現在の民法のもとでは、婚姻に際して、男性又は女性のいずれか一方が必ず改氏しなければならないとしていますが、既に触れたように、現実は、男性の氏を選び女性が氏を改めるのが圧倒的多数となっています。しかし、女性の社会進出に伴い、氏を改めることによる職業生活上や日常生活上の不便・不利益、アイデンティティの喪失など様々な不便・不利益が指摘されてきたことなどを背景に、この「選択的夫婦別氏制度」の導入を求める意見が大きくなってきました。

法務省では、1991年から法制審議会（身分法小委員会）において、婚姻制度などの見直し審議を行い、1996年2月に、法制審議会が「民法の一部を改正する法律案要綱」を答申しました。この要綱においては、選択的夫婦別氏制度の導入が提言されていました。この答申を受けて法務省では、1996年及び2010年にそれぞれ改正法案が準備されましたが、国民各層に様々な意見があることなどから、いずれも国会に提出するには至りませんでした。

この夫婦の氏に関する問題については、2020年12月に閣議決定された第5次男女共同参画基本計画においても、夫婦の氏に関する具体的な制度の在り方に関し、国民各層の意見や国会における議論の動向を注視しながら、司法の判断も踏まえて更なる検討を進めるとされています。

夫婦別氏を選択する権利

現行の夫婦同氏制度が前記の岡部裁判官の「意見」に象徴されているように、制度の規定（民法750条）の運用の実態について検証されないまま今日に及んでいること、それに伴い、ほとんどの女性が氏名権という人格的権利の行使に制約を課されたまま多くの不利益を負っていることを概観してきました。こうした状態は速やかに改善されるべきですが、事態はなかなか進展しません。

しかし、1人でも多くの皆さんの理解と協力により、1日も早い選択的夫婦別氏制度の実現に期待したいと思います。考えてみてください。**選択的夫婦別氏制度は、夫婦の別氏を強制するものではありません。現行と同じ夫婦同氏を支持する人はそれを選べばいいわけです。そうではなく自分は婚姻しても婚姻前の氏を変えず婚姻後もそれを称することを望む人はそれを選べばいいわけです。このアイデアにクレームをつける理由などなにもないはずです。**婚姻の場面において、各自が思うところに従って「氏」を選べるという制度の構築は、「個人の尊重」「家族生活における個人の尊厳と両性の平等」「両性の本質的平等」という憲法の理念に即応する制度なのです。

余談ですが、法務省が改正案を用意しても国会に提出することすらできない状態は異常というべきです。国会での議論の機会すら与えないというのでは立法機関の名が疑われます。そうした時にいつも言われるのは、「国民各層に色んな意見があることなど」が理由とされていますが、未だかつてどんな意見があるのか具体的に示されたことは一度もありません。つまり、ないものを提示することはできないということに尽きます。多様性の尊重などと喧伝されても、この選択的夫婦別氏制度1つ実現しないのでは、文字どおり「人権後進国」という評価を否定することなど「夢のまた夢」と言わなければならないでしょう。

第7章 違法捜査の実態と被疑者の人権侵害

1　被疑者はなぜ死ななければならなかったのか

岡崎警察署勾留中死亡事件

２０２３年12月２日付けの新聞報道に、極めて衝撃的な内容のものがありました。公務執行妨害の容疑で逮捕された男性が勾留開始から９日目に留置場で死亡したというものです（同日付け朝日新聞）。報道以上の事実関係を知ることは不可能ですが、この事件の異常性は報道のみでも十分伝わってきます。

本件男性は２０２２年11月25日に公務執行妨害容疑で逮捕されました。警察はこの逮捕の事実すらも、家族にすぐに連絡していませんでした。逮捕の事実を知らなかった父親は息子と連絡が取れないことを心配し、逮捕から３日後、警察署に捜索願を出しました。男性は精神疾患があったようです。父親は、男性が精神障害者手帳を持っていることや運転する車の車種やナンバーなども伝えましたが、こうした父親の行為に対しても警察は何らの対応も示していませんでした。

その頃、岡崎警察署では男性が保護室に移されていました。ちなみにこの保護室とは、被収容者（刑事施設に収容されている者・刑事収容施設及び被収容者などの処遇に関する法律第2条第1号）の鎮静及び保護に充てるために設けられた特別の設備及び構造を有する室とされています。報道によれば、男性はこの室で、裸の状態でベルト手錠と捕縄で拘束されていたようです。この段階で初めて警察から父親に電話がありました。刑事曰く「暴れて、落ち着くまで後《うしろ》から縛っている」と。父親は「暴れるのなら、薬を打って病院に隔離して欲しい」と訴えたといいます。逮捕を知ってから父親は計2回、入院させるよう警察署の刑事に電話で訴えました。

報道によれば、このほかにもこの男性に対して全く非人間的な扱いをしたことも明らかになっています。全部で13項目の警察側による問題行動があったとされていますが、その全容はわかりません。ただ、報道の範囲では、勾留中の男性に水を与える際にいったん床に流してその水を飲ますとか、便器に男性の頭が入った状態で水を流すなどしていたそうです。また、大声を出すからと保護室に収容し、腰の位置に両手を固定するベルト手錠や足を縛る捕縄で計140時間も拘束、裸で寝転がせ、排泄物も垂れ流したといいます。十分な飲食はもちろん取れなかったことが推測されます。また、男性は留置場内で暴行も受けていたようです。こんな仕打ちが捜査とどんな関係があるというのでしょうか。まさに言語道断の振舞といわなければなりません。

男性は事件前、福祉関係者らの支援を受けて働いていましたが、前記のとおり統合失調症でした。その事実は逮捕された後、本人も申告し、父親も警察に連絡していたといいます。男性がそのような疾患にかかっていることを認知しながら、警察はそれに即応するような何の対応もしませんでした。逮捕後6日目に警察医の検診でようやく措置入院の手続が始まりましたが、遅かったということです。**どうしてこのような理不尽極まる行為が可能なのでしょうか。彼らにとって捜査規範はどのように機能していたのでしょうか。**

守られなかった被疑者の人権

本件の被疑者の逮捕容疑は公務執行妨害罪とされています。しかし、どのような態様で公務の執行が妨害されたのかは報道からはわかりません。要するに警察官の仕事の邪魔をしたということでしょう。それが果たして「逮捕」に値するような事案であったかどうかについても疑問が残ります。そして、本件被疑者は逮捕当時「統合失調症」に罹患していました。こうした「事件と被疑者」の特質は最も基本的な警察が認知了解しなければならない事件の属性でもあるのです。それは以後の被疑者に対応する場合の考慮すべき重要事実なのです。刑事収容施設及び被収容者などの処遇に関する法律第1条はこの法律の目的について規定しています。

刑事収容施設及び被収容者などの処遇に関する法律

第1条「この法律は、刑事収容施設（刑事施設、留置施設及び海上保安留置施設をいう。）の適正な管理運営を図るとともに、被収容者、被留置者及び海上保安被留置者の人権を尊重しつつ、これらの者の状況に応じた適切な処遇を行うことを目的とする。」

この法律は、受刑者への暴行事件の反省に基づいて制定されたものです。ところが、報道による範囲の事実関係からみても「人権尊重」とはおよそかけ離れた警察の対応は、被疑者を1人の「人間」として見ていないという実態が明らかです。また、この事件処理に関係した警察官の中に、被疑者に対する誤った違法な行為をたしなめる人間がいなかったということも恐ろしい事実とみなければなりません。つまり、この警察には暴走する捜査にクレームをつけて正常な捜査に戻す機能は皆無であったということです。

恐ろしいことです。法律は単に人権の尊重をうたっているだけではなく、「**それらの者の状況に応じた適切な処遇を行う**」ことも目的としているのです。本件被疑者は、逮捕当時、統合失調症でした。その症状により時に暴れたり大声を出したりすることはあったかもしれません。しかし、警察は「その者の状況に応じた適切な処遇を行う」ことが求められていたのです。そうした側面を殆ど配慮することなく暴力的扱いまでしていたのです。

警察の人権感覚

本件での警察の被疑者に対する対応でなによりも問題とされるべきは、医療機関との連携を怠ったということでしょう。被疑者を蹂躙することに忙しく、10日間の留置期間中、まともな取り調べはほとんどできていなかったとも言われています。こうした人権感覚ゼロに近い人間が、警察官としての職務に当たっているとなるとこれは怖ろしいことです。犯罪者であれ被疑者であれ、1人の人間として存在しているのです。人を見る時まず根本的に必要なことは「**彼も彼女も1人の人間として生きる権利を持った人間として存在している**」という人間観を持つことです。そのような人間観を持つことこそ人権感覚は生き生きとして作用するものだと思います。

本件について愛知県警察本部は、留置主任官の警部ら当時の署員9人を業務上過失致死や特別公務員暴行陵虐などの疑いで書類送検したと報道されていました。また、県警は、適正な留置管理を怠ったとして岡崎署署長や警部を減給、停職にするなど計27人を処分したと報じています。こうした事実は本件違法捜査の存在をまるごと肯定するものと言えます。

県警によりますと、警部と20代の巡査2人は、男性が保護室で「戒具」と呼ばれるベルト手錠などで拘束され、自分で飲食できず、意思疎通も困難なことを認識、警部は監視体制を強化するなど注意義務を怠り、巡査2人は漫然と男性を放置し、脱水による急性腎不全で死亡させた疑いがあるとしています。また、特別公務員暴行陵虐容疑については、警部と巡査部長が男性を足で蹴りつけるなどの暴行をしたとされています。また、警部らは保護室への収容に必要な手続きを取っていないのに、取ったとの虚偽の公文書を作成した疑いもあるとされています。

これだけの関係者がなんら躊躇することなく、男性にこのような仕打ちを課したということが警察署の中で「集団」で「公然」と行われていたことは俄かに信じられない不法・違法行為のデパートといわざるを得ません。最大の原因は「人権意識」が皆無の警察官がいるということです。自己を権力者と誤信して、法に触れる行為をした疑いのある者にはどのような行為をしても構わないと考えているとしたら、こうした事件は必ず続発します。

2　違法捜査の暴走をとめるために

警察庁による再発防止策

警察庁は2023年12月1日、留置管理についての再発防止策を全国の警察に指示しました。警察庁によると、勾留中に暴れた際に手錠し捕縄を使って行う拘束は、最大で連続3時間と定める。解除後に暴れた場合はまた拘束することもある。拘束中に食事時間が来た場合は、解除後に食事を提供する。これまでは手錠などの使用時間に上限がなかった。

拘束道具を使用する際は警察本部に事前に報告することも指示。これまでは署の判断で可能だった。緊急時でも使用後の速やかな報告を求める。

留置場の巡視では、勾留中に自殺や逃走を図るおそれがある人の場合、署長が1日1回以上、巡視するよう定める。内規では、巡視の回数は定められていなかった。体調を崩していたり、精神に障害があったりする場合には、速やかに救急搬送や入院などの対応を取るよう指示した。警察庁は今後、留置場の居室にセンサーを設置し、勾留された人の服の動きから呼吸の状況を感知して知らせる仕組みについて導入を検討する（2023年12月2日付け朝日新聞より）。

以上が警察庁の再発防止策の内容です。かなり岡崎事件の反省の上に立ったもののように思います。しかし、警察官の人権意識について何も触れてないのはいささか不満に思います。こうした再発防止策が何のためかの出発点は「人権尊重」の意識の涵養にあるはずだからです。これらの対策が「角を矯めて牛を殺す」ことにならないよう祈るばかりです。被疑者を人間として尊重し、留置場は懲らしめの場所ではない。この基本的認識から徹底する必要があることを、この事件は示しています。

大川原化工機事件

本項を執筆中、警視庁公安部が合理的な根拠なくして逮捕し、担当検察官も必要な捜査を尽くさずに勾留を請求、起訴したいわゆる「大川原化工機事件」の報道がありました。先に紹介した愛知岡崎署の事案とは性質は異なりますが、違法な捜査が行われ、関係者の人権を侵害したという点では同じです。無実の人をあえて罪に落とすような捜査が、なぜまかり通ったのか。徹底的な第三者による検証が必要でしょう。

本事案は、軍事転用が可能な機器を不正に輸出したとして、「大川原化工機」の社長ら幹部3人が逮捕、起訴されましたが、後にその起訴が取り消された事案です。問題とされた機器は、食品加工などに使われるもので、国際枠組による輸出管理の対象でしたが、経済産業省の省令にはあいまいさがあり、検察庁は起訴の1年4ヵ月後、公判目前になってから、「規制対象との立証が困難」として、起訴を取り消しました。

暴走とも言える捜査はなぜ起き、なぜ止められなかったのか。法廷では、現役の警部補が「まあ、捏造ですね」などと信じられないような証言もしていたようです。誤った捜査は多くのものを奪いました。起訴・勾留された3人の保釈請求は何度も却下され、3人の勾留は11ヵ月近くに及んだといわれています。こうなると、勾留請求を安易に認めた裁判官にも責任があると言わなければなりません。元顧問の男性はがんの進行が分かっても保釈を認められず、入院を経て、起訴取り消しの前に亡くなられたといいます。

「人質司法」のゆくえ

日本の裁判に関係してよく「**人質司法**」と呼ばれることがあります。12月27日の判決の後、大川原社長は、本件について、「人質司法」だと批判し、捜査側に「謝罪と検証をすべきだ」

と強く求めています。**容疑を否認、黙秘する限り、身柄拘束が続くことが多い現状はまさに「人質司法」そのものであり、国際的にも批判を浴びています。**「人質司法のもとでは冤罪はなくならない」という大川原さんの言葉は、長期にわたって不当違法な拘束を受けた人の言葉としてあまりにも重いことを私たちも銘記すべきです。

なお、本件は、国と東京都が2024年1月10日に控訴しました。また、大川原化工機の大川原正明社長ら本件原告も同日控訴したと伝えられています。原告の大川原社長は記者会見で「裁判長が深く踏み込むというより押さえるところを押さえたという判決内容からすると国や都が控訴しない可能性もあるんじゃないかと思っていた。やっぱり控訴してきた。落胆や憤りというより『あきれた』という感じ」と述べています。控訴審の行方を注視したいと思います。

第8章　離婚をめぐる妻の人権問題

1　協議離婚で抑圧される女性たち

夫婦における女性の立場

私は、この協議離婚の問題を考えるときはいつも第6章で述べた夫婦同氏制の問題がオーバーラップしてきます。なぜかと言うと、夫婦同氏制のもとで96％に当たる女性が氏を改めている現状と、協議離婚の場で必ずしも自己の意に即した離婚ではない協議離婚に追い込まれている妻の立場が重なってくるからです。つまりいずれの問題も「妻」（女性）の真意が確保されていない場合が多いのではないかという疑問があるのです。

離婚の場面では、裁判離婚・調停離婚の場合は別として、協議離婚を用いて婚姻関係を解消する場面ではとりわけ「妻」の側の離婚についての意思の真意性が重要な意味を持つことになります。もし、協議離婚の場面で妻側がその意思に反して、妻の社会的経済的な立場の弱さ、家庭生活における立場の弱さ、種々の事実上の圧力など様々な要因により、已むを得ず離婚に合意する、あるいは離婚の請求を断念するような場面が多いとしたら、これは妻に対する明白な人権侵害に当たるものといわなければなりません。

法律は条文が出来上がれば終点ではありません。それはスタートに過ぎません。法律が現実の社会でどのように適用され運用されるかは、施行後に初めて認識できることなのです。そして、施行して初めて認識できる問題点も見えてくるでしょう。そこで、本項ではこの問題を取り上げて協議離婚のありようについて考えてみたいと思います。

離婚の種類と割合

日本の民法では、離婚の方法としては、協議離婚、調停離婚、審判離婚、裁判離婚が認められています。①**協議離婚**は「夫婦は、その協議で、離婚をすることができる。」（民763条）と極めてシンプルな規定となっています。これの問題点については後で触れます。②**調停離婚**は、離婚について夫婦の協議が調わず、協議離婚が成立しない場合に、直接的に家庭裁判所に離婚の訴え（民法770条）を提起することはできません。民法には規定はありませんが、協議離婚と裁判離婚の間に「離婚調停」（家事事件手続法257条）及び「離婚審判」（家事事件手続法284条）という折衷的な手続が置かれています。

③審判離婚は、調停が不成立となった場合に、家庭裁判所は職権で離婚を命じる審判をする

ことができます。これを調停に代わる審判といっています（家事事件手続法284条）。もっとも、この審判で離婚が命じられても当事者が異議を申し立てると、その審判は効力を失います（家事事件手続法286条5項）。④裁判離婚は、民法770条に規定する「裁判上の離婚原因」がある場合に離婚の訴えを提起することができる場合の離婚です。

さて、離婚の種類として4種類挙げましたが、現実の離婚の種類別割合はどうなっているかというと、少し古い統計ですが、2016年度の離婚の形式の割合は、協議離婚87・2％、調停離婚10・0％、判決離婚1・6％、認諾離婚1・0％、審判離婚0・3％となっています。つまり、**協議離婚と調停離婚で全体の97％を占めています**。この数字の傾向は他年度においてもほぼ同様の結果を示しています。このことは、例えば2021年の離婚件数の18万4千件に当てはめてみると、そのうち17万8千件は協議離婚の形式を、そして、1万8千件が調停離婚の形式をとっていることになります。いかに協議離婚の形式をとるものが多いかがわかります。そこに大きな問題点が潜んでいることに私たちは留意すべきなのです。

協議離婚の3つの問題点

さて、協議離婚制度にはいくつかの重要な問題があります。まず、協議によってというからには、その協議が対等の立場で行われることが当然の前提となっているはずです。つまり、そのような視点で考える限り、原則としては協議をする夫婦の対等性が前提となると考えるのは極めて自然なことです。もっとも、ここでいう「対等性」とは私見によれば、夫婦が財産的に対等であるとか労働的に対等であることを意味しているわけではありません。そういう側面が全くないとは言いませんが、むしろ、**人格的対等性**であり、**夫婦がお互いに相手に対して「個人の尊厳」を理解して接している**ということを言います。いわば、夫婦が「人格の平等」を前提としている関係にあるということです。それでなければ、「協議離婚する」といった合意の成立の正当性は認められないと考えられるからです。もちろん夫婦の対等性といってもいろいろな段階があるので、そこはある程度柔軟に解する必要はあるでしょう。

例えば、離婚協議する夫婦間にＤＶ（配偶者による暴力）がある場合、配偶者による暴力を怖れてそもそも離婚の話し合い自体ができない場合もあります。仮に話し合いの場が設けられたとしても、未成年者の親権や財産分与などについて話し合いができない可能性もあります。そもそも、ＤＶ被害者である妻側から何かの要求をすること自体難しいのではないでしょうか。逆に、ＤＶ夫の理不尽な要求を認めざるを得ないということも考えられます。とりわけ離婚しようとする夫婦間に未成熟子がいる場合に、離婚後の親権・監護権についての話し合い自体が行われない可能性もあります。このことは、妻側からＤＶ夫に離婚の話し合いを求めること自体も難しいのではないかと思われます。現行民法はこうした点については、あまり問題意識はなさそうです。

次に、協議離婚制度が存在する限り、離婚意思を欠いた離婚の届出がされる事態を排除することができないということです。とくに、夫婦自身による偽装離婚や仮想離婚については、現在の戸籍実務の扱いではこれを阻止することはできません。戸籍法27条の2の第3項に「不受理申出制度」がありますが、その効果は限定的なもので真意に基づかない協議離婚の防止一般の対応としては不十分なものです。こうした事情は、協議離婚については第三者ないしは第三者機関の関与を認めるような方策も検討されてよいと思います。

最後は、協議離婚意思の確認の問題です。前段落とも関連しますが、この制度の導入だけでもかなり当事者に自制的に働くと思います。離婚協議の段階で、何らかのかたちで第三者が関わることになれば、当事者任せの協議離婚とは若干でも対等でない当事者間の「力」になるのではないでしょうか。この場合の第三者としては、家庭裁判所がもっともふさわしいと思いますが、他に公証人でも適任かと思います。

この協議離婚意思の確認は、1947（昭和22）年11月21日、戦後の民法改正の成立過程で参議院において「協議上の離婚は、その届出前に家事裁判所（現在の家庭裁判所）の確認を得なければならない。」という修正案が提案され、その修正案が可決されましたが、衆議院において、同年12月9日参議院から回付された修正案が否決されたという経緯もあります。このような参議院における修正案が提出されたのは、当時から協議離婚における離婚意思の確認ということが重要な問題意識として自覚されていたというべきでしょう。これが衆議院で否決されたのは残念なことでした。

2　国内外の離婚をめぐる女性の人権

涉外離婚の問題点

前項までは主として日本人同士の協議離婚を論じてきました。しかし、見逃せないのは**渉外離婚のケース**です。最近は年間1万7千件くらいの渉外婚姻が成立しており、年々増加しています。ところがこの渉外婚姻をしたカップルの中には相次ぐ「無断離婚」が発生していると言われています。つまり、日本人男性と婚姻した外国籍の妻が、知らない間に夫から離婚届を提出されたり、離婚を無理強いされるケースが相次いでいるのです（2024年1月23日付け朝日新聞）。

ここで、外国人と婚姻した日本人が離婚する場合について簡単に説明しておきましょう。**日本人が外国人と婚姻し、その後離婚しようとする**場合を**渉外離婚**と呼んでいます。渉外離婚をするために必要な実質的・形式的要件は、どこの国の法律によることになるのでしょうか。

このような、適用されるべき法律などについて規定している法律が「**法の適用に関する通則法**」です。離婚の実質的成立要件の準拠法（国際的な私法関係について、関係する各国の法律のうちから当該法律関係（離婚とか婚姻）に適用すべき法律を指定して、規律しますが、その適用すべき法律のことを「**準拠法**」と言います）。この準拠法は、当該法律関係中の何らかの要素（国籍など）を媒介として指定されます。

ところで、**離婚の実質的成立要件の準拠法**については、前記の通則法がその第27条の本文で「第25条の規定は、離婚について準用する」としており、これは要するに、婚姻の身分的効力の準拠法と同じ定め方をしています。つまり、離婚の準拠法は、①夫婦の共通本国法、②夫婦の共通常居所地法、③夫婦の密接関連法の3段階の連結によっています。ですから日本人男性が外国人女性と婚姻して日本で生活している場合には②により日本法が適用されることになります。さらに、通則法27条はそのただし書で、「夫婦の一方が日本に常居所を有する日本人であるときは、離婚は、日本法による」と規定していますから日本の法律に基づいて協議離婚をすることができることになります。また、もう1つの**形式的成立要件**については、通則法34条に基づいて当該法律行為（離婚）の実質的成立要件の準拠法又は行為地法（日本法）のいずれかの要件を満たせばよいこととされています。結論的には日本の法律によればよいことになります。すこし前置きが長くなりましたが大事なポイントですからご理解ください。

日本の離婚のしやすさ

さて、日本人男性と婚姻する外国人女性にはアジアの国に属する女性が多いと言われています。これらの国々でももちろん基本的には離婚の制度はありますが、離婚を認めない国もあります。しかし、離婚を認める場合でも、日本ほど簡単な協議離婚を認めている国はありません。例えば、韓国では協議上の離婚をするには必ず家庭法院（日本の家庭裁判所に相当する）の確認を受ける必要がありますし、中国では協議離婚するときは、書面による離婚協議を締結し、かつ、婚姻登記機関に出頭して離婚登記を申請する必要があります。このほか当事者の離婚意思の真意性の確保につながる規定もあります。また、フィリピンではそもそも離婚制度がなく、「法定別居」の制度で対応しています。台湾では合意離婚は認められていますが、戸籍機関への離婚の登記を行う必要があります。いずれにしても、日本のように届け出さえすればよいという超簡易な制度を採用している国はほとんどないと言ってもよいです。

また、外国人妻が日本の離婚制度について知識を持たず、それを利用して日本人夫が専横的に届け出る例が多いようです。なかには、戸籍法で規定している「不受理申出制度」を利用して勝手な届出を阻止しようとする外国人妻もいるようですが、報道によれば、強引にその申出を撤回させられているケースもあります。また、子どもの親権者に関する届書中の記載も全く一方的にされているケースもあるそうです。こうした事例の多発も、前に触れたように日本の「協議離婚」制度の安直さに起因していることは明らかです。

NGOやNPOの支援団体や弁護士の協力により、こうした人権侵害を受ける外国人妻に助言や指導などをしているようですが、根本的には立法による解決が必要だと思います。報道によれば、こうした外国人支援に関わる団体から海外の大使館や領事館などでも「不受理の申出」ができるようにするとか、子どもの養育について必要な事項を定めることを協議離婚の要件とすることなどを求める要望書も提出されているようです。いずれも協議離婚をめぐる大事な論点です。日本人は概して、外国人に対する法的処遇の内容について無関心・無頓着なところがあります。国際化とか多様性の尊重とか、言葉は踊っていますが中身の欠けた踊りになっているように思います。外国人だとか日本人ではなく、「人間」として人を見る習性を身につけたいものです。

離婚における妻の人権問題

本章で取り上げた問題は、協議離婚における現行の協議が必ずしも両当事者の真意に基づくものとはいえない場合がかなり多くあり、それでは妻の立場が極めて不利で、様々な不利益を被るだろうという視点から改善点を提示したものです。つまり、妻の人権確保という側面からの問題提起です。

現在、法務省は法制審議会において家族法制の見直し作業を続けており、離婚に伴う親権の問題については対象となっていますが、協議離婚をめぐる問題は対象とはなっていません。財産分与については改革が検討されているようです。

考えてみますと、選択的夫婦別氏制度の問題にしろ協議離婚における意思確認の問題にしろ、いずれも「女性」の立場に配慮した問題の1つです。女性の法的地位の向上に向けた策の1つとして問題提起されているものです。こうした問題について、国会も関係省庁もいささか鈍感だと感じるのは私だけでしょうか。改めたほうがよい問題に対しては積極的姿勢をキープすることが必要です。それは、人間としての平等と尊厳の実現にもつながることなのです。加えて、前項で述べた渉外離婚における外国人妻の保護のための協議離婚制度の改善もあります。1つ1つ堅実にアプローチする姿勢が国には求められています。

第9章 止まらぬ過労死事件――問われる経営者の人権感覚

1 命を守る医療現場での過労死

甲南医療センター医師過労自殺事件

過労死事件ないしは過労自殺事件が後を絶ちません。「過労死」という言葉のもつ響きは、文字通り1人の人間の崇高な命が誰の保護もないままに閉ざされる、実に痛ましい状況を推測させます。なぜこんなことが起こるのでしょうか。そして、なぜ継続して発生するのでしょうか。つい最近も、関西で1人の前途ある医師が過労により命を絶つ事件がありました。甲南医療センター過労自殺事件といわれているものです。

甲南医療センターの医師、高島晨伍さん＝当時（26歳）が長時間労働が原因でうつ病を発症して自殺しました。遺族らによると、高島さんは同センターの消化器内科の専攻医でした（専攻医とは、初期研修を終え、専門研修プログラムを受けている医師を指しています。初期研修が2年以上かかるため、専攻医になるのは3年目以降とされています）。高島医師は、2022年5月17日夕方、センター近くの1人暮らしの自宅で自殺しました。同年2月6日を最後に休日はなく、西宮労働基準監督署が認定した直前1ヵ月の時間外労働は国の精神障害の労災認定基準（160時間）を上回る207時間50分に達していたといいます。

母親の淳子さんは会見で「『優しい上級医になりたい』と話していた心優しい大事な息子は帰ってこない」と話しておられました。また、高島さんが淳子さんらに宛てて残した「嫌な思いをさせてごめん。もっといい選択肢はあると思うけど選べなかった」とする遺書も読み上げられました。高島さんの兄（31）は、高島さんが生前、「『コロナで病院の収益が減った。常識的な残業申請をするように。若い頃から経験より金を取るのは駄目だ』と（センターで）言われた」と話していたと明かしました。また、センター側が2023年8月17日の会見で「加重労働だった認識はない」「自殺の原因は分からない」などと主張したことに対し、「弟の死を軽視している」と憤りをあらわにしたとされています（2023年8月18日付け神戸新聞）。会見での母親淳子さんの「医師を守れない病院に患者を守れるのか」の一言は、今回の問題の本質を突いた言葉として胸にささります。

その後、西宮労働基準監督署は2023年12月19日、労働基準法違反容疑で院長、上司2人、運営法人を神戸地方検察庁に書類送検しました（いわゆる36協定違反、労働基準法第36条に基づく時間外及び休日の労働に関する医療センターと労働組合の協定を指す）。西宮労働基準監督署によると、院長らは2022年4月の1ヵ月間、高島さんに労使協定の上限95時間を超える約114時間の時間外労働をさせた疑いがありましたが、前記のとおり、自殺する直近1ヵ月間の残業が「207時間50分」に上ったとして、2023年6月に労災認定されました。

医療センター側の意識の低さ

私たちは報道以外に事実関係を知る立場にはないので、そこで得た情報以外の事実を加味して論評することは許されません。しかし、報道で知った事実を前提にする限り若干の論評を行うことは可能だと思っています。

最初に、甲南医療センターの院長とその他のスタッフによる記者会見の様子をテレビで見る機会がありました。その際、まず何よりも1人の有能な前途ある医師が命を絶ったことについて、院長から一言の釈明もなかったのには愕然としました。もちろん、会見の目的が医師の自殺についてのコメントを求めるものではなく、医師の自殺について医療センター側に責任があるかどうかが中心だったからかもしれません。しかし、仮にそうであったとしても、医師の自殺自体がメインテーマである以上自殺についてコメントするのは当然のことです。にもかかわらず、医師の自殺自体についてなんのコメントもないというのは腑に落ちないことです。もっともそれは、私がテレビ会見の模様を見た時以前か以後に何らかのコメントがあったのかも知れません。そうであれば私の前記の感想は取り消させて下さい。

さらに、医師の自殺について病院側が原因を作ったものではないという趣旨の発言にも違和感がありました。西宮労働基準監督署が示すように非常に加重な労働時間を課しておきながら、「他の医師と比較して突出して多いとは言えない」という発言を聞くと、自殺した医師に対する責任と悔恨の念などさらさら感じません。むしろ院長の会見態度は傲慢にもみえました。人間が自ら命を絶つということがどんな意味を持っているのかについて、全く想像力に欠けた印象をうけました。我がセンターからはそうした自殺者など絶対に出さないという強いメッセージが医療センターの職員全体に行きわたるような決意表明が期待されているのに、全く裏切られた感じでした。管理者としてどんな職場を目指し、センターで働く者の健康管理にベストを尽くすというぐらいのことがなぜ言えないのでしょうか。過労自殺者がでることはその組織にとっては恥ずべきことという認識がないのが最大の問題のように思います。

遺族が切り拓く未来

新聞の伝えるところによると、過労死した医師の遺族らでつくる「医師の過労死家族会」が２０２３年12月20日に東京都内で初めての会合を開き、「医師の過重労働は医療安全の問題」と位置づけ、医師が健康的に働ける環境づくりを目指す。医師やその家族からの相談を受け付け、情報発信や国への請願に取り組むことを決めたとされています。家族会には、高島晨伍さん、１９９９年に亡くなった中原利郎さん（当時44歳）ら、過労死した医師４人の遺族が参加しました。高島さんの母の淳子さんは、「国民にとっても大事な若い医師を過労でつぶしていいのか」と訴えました。その後、メンバーは厚生労働省を訪れ、全ての医療者に労働法についての研修を義務づけることなどを求めたと言われています。

確かに病院や医療センターなどの医療機関における勤務形態は、特に患者の治療に当たる医師の場合は不規則な面もあり、そこは普通の企業とは異なる面があります。つまり、医師や看護師についての働き方の実態をつかむのが難しい面があるかも知れません。しかし、だからこそ、管理者側は医師たちの労働の実際について細かい観察と分析などを間断なくチェックし、いわゆる36協定があればその趣旨に反しないような管理が望まれますし、なによりも医師たちの動向には細心の注意を払って健康管理に尽くして欲しいと思います。それは雇用する側の義務でもあるはずです。このことは勿論医師以外の医療従事者にも当てはまることは当然です。人の命を扱う医療センターが人の命を扱う医師を過労死に追い込むなど、想像を絶する事態と言わなければなりません。

2　大手広告代理店における過労死

電通女性社員過労死事件

本件の女性新入社員は、２０１５年４月に大手広告代理店の電通に入社しました。同年６月にはインターネット広告を扱うデジタル・アカウント部に配属されました。本採用となった同年10月から同部の要員が半減となり担当業務が大幅に増加、それに新入社員の研修や懇親会幹事などの業務が加わり、11月上旬にはうつ病を発症したと推測されています。このようななか、自らＳＮＳで長時間労働を訴える内容や上司などのパワーハラスメントやセクシャルハラスメントを疑わせる内容を発信していました。

ちなみに、同年10月の月間所定時間外労働は入退館データとの突合せにより約１３０時間（自己申告は70時間弱）でしたが、ＳＮＳには激務が加わり「1日2時間睡眠、週10時間睡眠」「眠りたい以外の感情を失った」など常軌を逸した状況が発信されていました。同年11月後半、女性社員は上司に「仕事を減らしてほしい」と願い出て聞き入れられたものの長時間労働の実態は変わらず、同年12月25日都内にある電通の女子寮４階の手すりを乗り越えて飛び降り、亡くなりました。

この女性は東京大学文学部を卒業した高橋まつりさんです。高橋さんは電通の内定を決めたとき、SNSで知人にこう報告していました。「マスコミ関係の仕事であること、職種の異動があり、出来ることの幅が広いこと、あたらしいコンテンツをつくりだしていけること、などを重視して選びました」と。自己の実力を思い切り発揮できると確信し希望に満ちた心模様が推測できます。

この事件で東京労働局三田労働基準監督署は本件を過労自殺として労災認定しました。その後、労働局が電通本社と関西・中京・京都の3支社及び主要子会社5社に対し、一斉立ち入り調査をしています。さらに、電通本社と3支社に労働基準監督官ら88人が強制捜査に入り、内部書類を押収しています。さらに、労働局が法人としての電通と当時の上司を労働基準法違反の疑いで書類送検もしています。

電通側もこうした事態をかなり深刻に受け止めて、社長以下8名の役員による労働環境改革本部を立ち上げたりしています。また、電通が書類送検されたことを受けて社長が辞任を発表しました。高橋さんの過労自殺の労災認定からわずか3ヵ月後のことでした。いかに高橋さんの自殺の衝撃度が高かったかを推測させます。

この事件は世間の大きな注目を集めました。リーマンショック以後、非正規雇用の増加・正社員への依存が強まり、正社員の長時間労働が常態化、過労死・過労自殺の増加を招いていました。電通過労自殺が労災認定された時期がいわゆる政府の「働き方改革」実現会議の初会合の直後でもあり、政府が二度と繰り返さないと社名を挙げてこの事件を取り上げたこともあり世間から注目を集めていました。

生かされなかった過去の教訓

これより前、電通ではもう1つの過労死事件がありました。2000年3月、最高裁は入社2年目の男性社員が1991年に過労自殺した事件の訴訟で、電通に対して、**安全配慮義務を怠ったとして過重労働の責任を認めました。**これが過労自殺について会社責任を認めた最高裁の最初の判例です。この判決の中で、最高裁は、「**電通は男性社員の長時間残業による健康状態悪化に気付きながら十分な措置を採らず、その結果自殺に至ったことに対し損害賠償責任を負う**」と判示しています。

この際電通は入退館ゲートを設置、入退館時間の記録などにより長時間労働を是正すると対外発表しましたが、その後も改善されず電通への違法残業に対する是正指導が繰り返され、高橋さんが過労自殺した4ヵ月前にも本社で是正勧告を受けた経緯もありました。日本を代表する広告業界大手企業が過重労働対策を放置し、エリート女性新入社員を過労自殺に追い込んだことで世間の注目、非難を集めました。長時間労働を取り巻く社会環境の変化や過労死事件の本質をつかみ、さらには労働生産性の改善も含めて真剣かつ実現の意欲に燃えた改革が喫緊の課題というべきでしょう。

なお、前記の高橋まつりさんが過労自殺されてから8年となる2023年12月25日、母親の幸美さんが命日にあわせ手記を公表されています。そのなかで「**人としてもビジネスの上でも最も大切なことは、働く全ての人の人権を尊重した経営を行うことです。どうか経営者の方は人権侵害に対して確固たる姿勢で経営を行って欲しい**」と訴えられています（2023年12月25日付け朝日新聞）。全ての経営者はこの訴えに真摯に耳を傾けて、その悲痛な訴えを実現するよう努力してください。それは当然の義務なのです。失われた人命は絶対に返ってはきません。それが関係者にとってどれだけ耐え難いものであるか、経営者や幹部は胸に手を当てて熟考すべきです。

3　マスコミ業界での過労死

NHK女性記者過労死事件

この事件はNHKで最初に起こった過労死事件とされた佐戸未和さんの過労死に関する事件です。しかし、実際には佐戸さんより前に過労死した記者はいるそうです。日刊ゲンダイDIGITALの記事によれば、NHK内では2008年から2017年までの10年間で実に91人が在職中に亡くなっているそうです。この中には過労死の可能性があったにもかかわらず、労災と認定されていないどころか、労災申請すらできていないケースも多々あると言われています。

さて、佐戸未和さんは高校卒業後、一橋大学の法学部に進学しました。もともと本を読んだり文書を書いたりするのが好きで、学生時代には学生向けのテレビ局にも参加するなど、卒業後はメディア関係企業への就職を希望していたようです。第1希望は母親の恵美子さんが「好きでいつも見ていた」というNHKでした。無事、NHKの内定が決まり、記者として働くことになりました。NHKの内定が決まった際、父親の守さんは子供の頃から見てきた未和さんの能力や適性に合っていると考えつつ、メディアの世界はしんどいだろうと思ったといいます。「メディアの夜討ち朝駆けで大変な仕事だというイメージもありました。ただ、やはり未和に向いている。いい選択をしたというのが第一印象です。まさか、それで命を落とすようなことになるとは夢にも思わなかったですね」。父親の述懐です。

NHKで働き始めて、最初の赴任先は鹿児島でした。家族とはよくメールや電話でやりとりをしていましたが、未和さんの性格からして大変な仕事でも「しんどい」とは言わずに、辛くても家族には面白おかしく笑い話にしていたと言います。

NHKでの未和さんの働き方は「激務」そのものだったようです。入局後に鹿児島での勤務を経て、2010年に東京で都庁記者クラブ配属となった未和さんは、亡くなった2013年夏には都議選と参議院選の選挙取材のために、それこそ寝る間を惜しんで駆け回っていたそうです。

労働時間は過労死ラインの2倍

亡くなる直前1ヵ月間の残業時間は159時間37分、その1ヵ月前は146時間57分と、国が定める過労死ラインの月80時間の2倍近い残業に従事していました。体調をくずし、点滴を受けながら仕事をしていた日もあったと言います。そして、2013年7月25日、連絡が取れなくなったことを心配した婚約者がアパートを訪れたところ、室内で亡くなっている未和さんを発見したといいます。

未和さんの死は後に、最長159時間という過重労働による労働災害と国に認められました。しかし、未和さんが亡くなった時点では、家族は「過労死」とも「労災」とも思っていませんでした。未和さんには弟さんがいて、その弟さんが自分の会社で未和さんの急死について触れたところ、同僚から「それはひょっとしたら過労死ではないか」と言われたそうです。それがきっかけで、未和さんの家族は「過労死」の可能性を疑いはじめました。

「過労死かも知れない」と考えた遺族は、未和さんの使っていた携帯電話を調べました。すると、夜中の送受信などからみて、午前3時あたりまで働いている記録が見つかり、これで父親の守さんは過労死の疑いを強めました。そして弁護士に相談したところ、弁護士から「パソコンや勤務表など勤務記録に関わるものが必要だ」と言われ、NHKにそれらの提出を求めました。NHKが提出した労働時間記録によれば、亡くなった2013年7月には休みが1日もなく、勤務表の退勤時間は25時（午前1時）や27時（午前3時）と記されていたそうです。もっとも、家族はこの数字が事実と合致しているかどうかについて疑問を持っていました。例えば、勤務記録には午前1時に帰宅したことになっていても、携帯電話には午前3時まで働いていた記録が残っていたところもあったそうです。

そこで、未和さんのパソコンや携帯電話などからわかる労働時間記録との対照表を作成し、弁護士に相談したところ、労災の可能性が極めて高いことから労災申請することを決めました。遺族側の計算によれば、亡くなる直前1ヵ月の残業は月209時間、その前1ヵ月間は188時間にものぼっていました。結果、渋谷労働基準監督署は未和さんの死を長時間労働による労働災害、つまり、過労死と認めました（文春オンラインの記事を参考）。

このようにみると、前途有為な優秀な記者が国の定める過労死ラインの月80時間をはるかに凌駕する、月200時間を超える勤務実態が原因として「死亡する」事態を招くのはただただ驚くばかりです。管理する側は、こうした事態を職務の性質上認知しながら、なぜ予防措置を採らなかったのでしょうか。記者という仕事の性質上なかなかその勤務実態を的確につかむのは難しい点もあるかも知れませんが、それは弁解の理由にはなりません。労災認定がされたのはせめての救いではありますが、大事な心優しいすぐれた自慢の我が子を失ったご両親の気持ちを思うと、限りない憤りと切なさを覚えます。職場の勤務時間管理や健康管理に対する組織としての積極的かつ真摯な姿勢が全く見えてこないのはなぜでしょうか。基本的には、職員に対する「愛情」が決定的に欠けている点にあるように思います。

4 「ビジネスと人権」を考え直す

ビジネス重視の日本文化

本書の第1章2節で「ビジネスと人権」について少し触れましたが、ここでもう一度再論しておきます。過労死あるいは過労自殺事件はここで紹介した3件以外にも沢山ありますが、「過労死・過労自殺事件」の原因の核心部分は捉えていただけたかと思います。企業であれ他の団体であれ病院であれ、およそ人の働く場所なり場面における「人権」のもつ意味がいかに大きいかということは、既に触れた事件でも十分に立証されていると思います。

さて、「**ビジネスと人権**」という言葉は日本ではまだ耳新しいものかと思いますが、この言葉から受ける日本企業家たちの受け止め方を推測すると、**ビジネスに比重は大きく傾き、人権のほうは添え物程度の感覚で捉えられているの**ではないかと思いますが、どうでしょうか。それは現在の日本の企業文化の特質の1つだと思います。

ビジネスが及ぼす人権の問題は、企業活動のグローバル化に伴って次第に顕在化してきています。そうしたなかで、2011年の国連人権理事会の決議において、「ビジネスと人権に関する指導原則：国際連合「保護、尊重および救済」枠組実施のために」（指導原則）が全会一致で支持されました。第1章2節でも触れましたが、そこで示されている3つの枠組みだけは触れておきたいと思います。

第1の柱：人権を保護する国家の義務

運用上の原則

・一般的な国家の原則及び政策機能

・国と企業の連携

・紛争影響地域における企業による人権尊重の支援

・政策の一貫性の確保

第2の柱：人権を尊重する企業の責任

運用上の原則

・企業方針によるコミットメント

・人権デュー・ディリジェンス

・救済への取組

・置かれている状況を踏まえた対応

第3の柱：救済へのアクセス

運用上の原則

・国家による司法手続

・国家による非司法的苦情処理の仕組み

・非国家基準型の苦情処理の仕組み

・非司法的苦情処理メカニズムの実効性の基準

こうした指導原則に基づき、2020年10月、「ビジネスと人権に関する行動計画に係る関係府省庁連絡会議」が開かれ、そこで「ビジネスと人権に関する行動計画」が策定されました。今後これに基づいて、行動計画の内容の点検や実施についての方策などの具体化に向けての作業が進むと思います。

誰の人権が侵害されているのか

ところで、「国連ビジネスと人権」の作業部会は、2023年7月24日から8月4日までの12日間、訪日調査を行い、調査終了に当たり所見を公表しました。作業部会は2024年6月、国連人権理事会に訪日調査の最終報告書を提出する予定です。この調査終了ステートメントの中の、**人権を尊重する企業の責任**の項で以下のように指摘しています。「作業部会はその協議全体を通じ、ビジネス界からＵＮＧＰｓ（国連ビジネスと人権に関する指導原則）の履行に係る進捗状況と課題につき、率直な見解をお聞きしました。企業のステークホルダー（企業のあらゆる利害関係者）からは、従業員に継続的な人権教育を施す取り組みや、通報ホットラインをはじめとする職場レベルの苦情処理メカニズムの策定など、積極的な実践の報もありました。その一方で、移民労働者や技能実習生の取扱い、**過労死を生む残業文化**、そしてバリューチェーン（直訳しますと、「価値連鎖」という意味で、企業における各事業活動を価値創造のための一連の流れとして捉える考え方）の上流と下流で人権リスクを監視、削減する能力を、さまざまな問題で大きなギャップが残っていることを認めました」。

また、救済へのアクセスの項目では、例えば、日本の裁判官はビジネスと人権、またＬＧＢＴＱ＋の人々に対する認識が低いことも指摘しています。日本では、司法へのアクセス困難が多いので、それを解決するため、独立性の強い国家人権機関の創設と、裁判官、企業関係者、弁護士などへの研修の必要性も強調されています。

また、人権が侵害されていることについても、誰の人権が侵害されているかについて、強い関心が示されています。例えば、女性の正社員の所得が男性正社員の75・7％に過ぎないことは憂慮すべき事実と指摘しています。日本のジェンダーギャップ指数のランキングが２０２４

年の時点で146ヵ国中118位と低いことを考えれば、政府と企業が協力しこの格差解消に努めることが欠かせないとも指摘しています。このほか、問題のある課題領域として、前記の女性の地位のほか、LGBTQ＋、障害者、先住民族（アイヌ）、被差別部落などを挙げています。

そしてこの作業部会の声明から浮かび上がってくるのは、ビジネスと人権という観点は日本社会がもつ構造的な問題をあぶりだす包括性を持ったものだということです（重田園江「政治季評」2023年11月16日付け朝日新聞）。「ビジネスと人権」の問題は私たちがより一層強い関心と問題意識をもって臨むことの必要性が再確認された声明であったと受け止めています。悲惨な過労死事件を通じて学んだことを無駄にしてはなりません。

日本民間放送連盟「人権に関する基本姿勢について」

日本民間放送連盟は、2023年12月21日の理事会において「人権に関する基本姿勢について」を決定しました。これは、日本民間放送連盟会員社が、人権尊重の重要性を改めて認識し、今後、報道や事業活動を通じてあらゆる人々の人権が尊重される社会を目指すことを誓うものです。民放連各社は「今後、会員社の役職員を対象に人権をテーマとした講演や研修などを行い啓発に努めます」と述べています。

以下にその「基本姿勢」の内容を紹介します。

【人権に関する基本姿勢】

今日、社会全体における人権尊重の高まりを踏まえて、あらゆる企業に対して、事業活動全般における人権の尊重が求められるようになった。国連においては、2011年に「ビジネスと人権」に関する指導原理が採択されている。

民放連は、1951年に制定した「放送基準」の前文で基本的人権の尊重を謳い、民間放送各社は、この基準を踏まえて、番組内容の根底に人権尊重を据えて公共的使命を果たしてきた。報道活動では公共性と公益性を重んじ、事実と真実を伝えることを目指して「報道指針」を策定し、あらゆる人々の基本的人権の実現に寄与するための道標としてきた。

しかしながら、今年、大手芸能事務所元代表者による人権侵害行為に対して、民放各社の意識が希薄であったことが明確となった。

民放連会員社の役職員はこのことを反省し、今後も社会から信頼されるメディアで在り続けるために、人権尊重の重要性を改めて認識し、以下の指針に沿って事業活動を展開していくことを誓う。民間放送にかかわるすべての取引先にもこの基本姿勢への賛同を求める。

1　人権の尊重

民間放送は、人種・民族、性、職業、境遇、信条をはじめ、性的指向・性自認や障害の有無などを理由としたあらゆる差別を認めない。特に、社会的弱者やマイノリティの人々、未成年の人権に配慮し、尊重する。
個人としての尊厳や人格を不当に傷つけるあらゆるハラスメントやいじめ、長時間労働や健康を害する働き方を強いることを認めない。

2　人権侵害の防止

民間放送は、自らの事業活動において人権侵害を引き起こさないことに最大限の価値を置く。幅広いステークホルダーとの建設的な対話を通して、すべての取引先において、民間放送の事業活動が人権侵害を助長しないように努める。また、放送にかかわるすべての人々の人権を尊重するため、役職員の啓発を行う。

3　メディアとしての社会的責任

民間放送は、人々の生活に寄り添いながら、社会と共に歩みを進めてきた存在である。このことを自覚し、表現の自由を守りつつ、人々の知る権利に応える報道やさまざまな事業活動を通じて、すべての人々の人権が尊重される社会の実現を目指す。

この「人権に関する基本姿勢」は、基本姿勢の中で述べられている「性加害問題」に対応するメディアの機関として人権意識が希薄であったことの反省が直接的要因となっていることは明らかです。また、国連人権理事会の定めた「ビジネスと人権」の指導原則の影響もあり、人権尊重の重要性を改めて認識するという前提で3つの方針が示されたものと思われます。最も重要な宣言は1で述べられている「人権の尊重」です。そして、次に、人権侵害の防止に最大限の価値を置くとしており、第3に、表現の自由を守りつつ、全ての人々の人権が尊重される社会の実現を目指すとしています。いずれも内容的には「基本姿勢」にふさわしいものと言えます。

問題はこの「基本姿勢」が貫かれるかどうかにあります。「仏作って魂入れず」ではなんの変化もないことになります。なによりもここに宣言された「基本姿勢」が、どこまで民放連の構成員の隅々まで徹底するかです。役職員の啓発など今更という感じもしますが、捲土重来を期してのものと理解します。いずれにしても民間放送連盟の新たな決意表明に期待したいと思います。

第10章 いじめ事件と人権侵害

1　いじめの現状を把握する

増加するいじめ事件

いじめ事件が後を絶ちません。新聞なりテレビによる報道は間断なく続いています。しかも、報道される事件は「自殺」を伴う最悪のケースが目立ちます。春秋に富む生徒の、その存在を否定するような事件が学校現場で多発するのはなぜでしょうか。いじめ事件は多面的かつ重層的原因を内含する複雑な面を持っています。ですから、事件を見るには決して短略的であってはなりません。

序章「私と人権侵犯事件」のところでもふれたように、私は1984年から1986年までの約2年間法務省で人権侵犯事件の調査処理を経験しましたが、その頃も「いじめ事件」はかなり大きな割合を占めていました。もう40年も前の話ですが、その当時と比較してもあまり変わっていないのかなと思います。2013年に「いじめ防止対策推進法」が成立したのも、「いじめ事件」が一向に減少せず自殺者も減らないという事態を重くみた文部科学省が立法による対策として成立させたものと思われます。法律を作れば問題がなくなるのであればこんなに容易いことはありません。大事なことはその法律に魂を入れることです。つまりは、関係者の努力によりいじめ事件が減少させることです。

本章では、まず、いじめ事件の最近の動向を概観し、次に、いじめ防止対策推進法の要点を見てみます。その上で「いじめ事件」への対応について考慮されるべき事項について私見を述べてみたいと思います。

いじめ事件の現状

以下に記すのは、2021年度が調査対象期間の、いじめに関するデータです（2022年11月文部科学省初等中等教育局）。

①いじめの状況について

いじめの認知件数は総数で61万5351件となっています。ちなみに前年度は、51万7163件であり、9万8188件（19・0％）増加しています。児童生徒1000人当たりの認知件数は47・7件（前年度39・7件）であり、年度末時点でのいじめの状況については、解消しているものは49万3154件（80・1%）であったとされています。
なお、学校の種類別認知件数は次のようになっています。
・小学校➡50万562件（79・9%）
・中学校➡9万7937件（30・0%）
・高等学校➡1万4157件（4・4%）
・特別支援学校➡2695件（18・4%）

②いじめの学校種別の状況について
いじめを認知した学校数の割合は全学校の79・9%（3万6563校中、2万9210校）でした。

学校種別の状況は以下の通りです。
・小学校➡1万9487校中1万7163校（88・1%）
・中学校➡1万283校中8557校（63・2%）
・高等学校➡5635校中2995校（53・1%）
・特別支援学校➡1158校中495校（42・7%）

③いじめの学年別の状況について（高等学校は除く）
・小学校1年➡9万6142件
・小学校2年➡10万9776件

・小学校3年⬇9万4781件
・小学校4年⬇8万4125件
・小学校5年⬇7万1991件
・小学校6年⬇5万3016件
・中学1年⬇5万1293件
・中学2年⬇3万2190件
・中学3年⬇1万5041件

④いじめの態様別状況について

この問いは複数回答も可とされていますから、項目のみ挙げておきます。

・冷やかしやからかい、悪口や脅し文句、嫌なことをいわれる
・仲間はずれ、集団による無視
・軽くぶつかられたり、遊ぶふりをして叩かれたり、蹴られたりする
・ひどくぶっかられたり、叩かれたり、蹴られたりする
・金品をたかられる
・金品を隠されたり、盗まれたり、壊されたり、捨てられたりする
・嫌なことや恥ずかしいこと、危険なことをされたり、させられたりする
・パソコンや携帯電話で、誹謗・中傷や嫌なことをされる

⑤いじめの重大事態について

いじめの重大事態とは「いじめ防止対策推進法」第28条第1項に規定するもので、「**いじめにより当該学校に在籍する児童等の生命、心身又は財産に重大な被害が生じた疑いがあると認めるとき**」（第1号）、「**いじめにより当該学校に在籍する児童等が相当の期間学校を欠席することを余儀なくされている疑いがあると認めるとき**」（第2号）をいいます。

重大事態の発生件数は、７０５件で、そのうち、法第28条第1項第1号に規定するものは３４９件となっています。これを学校別にみてみますと、小学校３１４件、中学校２７６件、高等学校１１２件、特別支援学校3件となっています。

２　いじめをなくすために

いじめ防止対策推進法とは

それでは次に「いじめ防止対策推進法」（２０１３年9月28日から施行）の概要を各章別に紹介しておきます。

第１章　総則

1　「いじめ」を「児童生徒に対して、当該児童生徒が在籍する学校（※）に在籍している等当該児童生徒と一定の人的関係にある他の児童生徒が行う心理的又は物理的な影響を与える行為（インターネットを通じて行われるものを含む）であって、当該行為の対象となった児童生徒が心身の苦痛を感じているもの」と定義すること。
※小学校、中学校、高等学校、中等教育学校及び特別支援学校（幼稚園を除く）

2　いじめの防止などのための対策の基本理念、いじめの防止、関係者の責務などを定めること。

第2章　いじめ防止基本方針など

1　国、地方公共団体及び学校の各主体は、「いじめの防止などのための対策に関する基本的な方針の策定（※）を定めること。
※国及び学校は策定の義務、地方公共団体は策定の努力義務

2　地方公共団体は、関係機関などの連携を図るため、学校、教育委員会、児童相談所、法務局、警察その他の関係者により構成されるいじめ問題対策連絡協議会を置くことができること。

第3章　基本的施策　／　第4章　いじめの防止などに関する措置

1　学校の設置者及び学校が講ずべき基本的施策として、①道徳教育の充実、②早期発見のための措置、③相談体制の整備、④インターネットを通じて行われるいじめに対する対

策の推進を定めるとともに、国及び地方公共団体が講ずべき基本的施策として、⑤いじめの防止などの対策に従事する人材の確保など、⑥調査研究の推進、⑦啓発活動などについて定めること。

2 学校は、いじめの防止などに関する措置を実効的に行うため、複数の教職員、心理・福祉などの専門家その他の関係者により構成される組織を置くこと。

3 個別のいじめに対して学校が講ずべき措置として、①いじめの事実確認と設置者への結果報告、②いじめを受けた児童生徒又はその保護者に対する支援、③いじめを行った児童生徒に対する指導又はその保護者に対する助言について定めるとともに、いじめが犯罪行為として取り扱われるべきものであると認めるときは警察との連携について定めること。

4 懲戒、出席停止制度の適切な運用などその他いじめ防止などに関する措置を定めること。

第5章 重大事態への対応

1 学校の設置者又は学校は。重大事態に対し、同種の事態の発生の防止に資するため、速やかに、適切な方法により事実関係を明確にするための調査を行うものとすること。

2 学校の設置者又は学校は、1の調査を行ったときは、いじめを受けた児童生徒及びその保護者に対し、必要な情報を適切に提供するものとすること。

3 学校は、重大事態が発生した旨を地方公共団体の長に報告、地方公共団体の長などは、必要と認めるときは、1の調査の再調査を行うことができ、また、その結果を踏まえて必要な措置を講ずるものとすること。

第6章　雑則

学校評価における留意事項及び高等専門学校における措置に関する規定を設けること。

フランスのいじめ対策に学ぶ

ここで、外国の事例を1つ参考までに紹介しておきます。フランスでのいじめ対策は日本よりかなり遅れていると言われています。しかし、最近はいじめで自殺する生徒らが相次ぎ、いじめが社会問題化しているそうです。事態を重く受け止めたマクロン政権は2023年9月27日、予防策や加害者への厳罰を定めた「いじめの総合対策」を発表しました。国として初の包括的ないじめ対策に対して、歓迎する声と実効性に課題があるとする声などの見方も出ています。

ちなみにその総合対策の骨子を挙げると、次のような内容になっています。

・他者への配慮を育む【共感授業】の実施
・いじめの問題に取り組む教員や警察、司法関係者の養成
・SNSや電話で通報できるホットラインの設置
・最長1年間のSNSの禁止

・携帯電話の没収

この総合対策をどう捉えるかは、教育の専門家ではない筆者には難問ですが、少なくとも、**「他者への配慮を育む【共感授業】の実施」**と**「いじめの問題に取り組む教員などの養成」**は大いに参考すべきと思います。また、全体的には**厳罰主義**の方針が目立ちます。例えば昨年、いじめ被害者が自殺した事案では、加害者に最高で懲役10年を科す法律ができました。つまり、いじめを刑事事件として扱うことにしたということです。いささかドラスティックな感じがしますが、1つの対策ではありましょう。このほかにも、重大ないじめ事案で、加害生徒を保護者の許可なく転校させられる措置も導入されました。加害生徒の親にどこまで関与することができるかも、1つの問題だと思います。これらについては後で少し触れたいと思っています（2023年9月30日付け朝日新聞記事）。

3　いじめ問題への対応を考える

いじめ調査から考える

前記のとおり、2021年度の「いじめの状況について」の調査結果によれば、いじめの認知件数は61万5351件で、2020年度と比べて9万8188件増加していることになっています。この数字は2018年以降では、確実に50万件を超えていることを意味します。統計でみる限りここ数年は確実に増加しています。もちろん統計の取り方やいじめの解釈などにより差は生じると思いますが、とにかく事件数としては多いという認識を持ってよいです。児童生徒1000人当たりの認知件数は47・7件なので、決して少ない数字ではないと認識すべきでしょう。

興味深いのは、61万5351件の認知されたいじめ事件のうち、いじめが解消しているものが49万3154件、つまり認知されたいじめ事件の80・1%が解消しているということです。いじめが解消するというのは、文字通りいじめがなくなることを意味します。つまり、①いじめに係る行為が止んでいること、②被害児童生徒が心身の苦痛を感じていないことです。それが全体の80%を占めるのは大変なことであり、その原因はなんなのかという点に興味がありま す。それについての調査結果は出ていないので残念ですが、これだけ多くの事件が解消するのには原因があるはずで、それを明らかにしておくことは後に発生するいじめ事件への対応に非常に役立つはずです。

例えば、いじめの解消が①加害児童生徒の自主的判断によるものなのか、そうだとするとそのような判断をした理由は何だったのか、あるいは②教師の説示によるものなのか、担任教師かそれ以外の教師か、どのような説示がされたのか、③友人の説得によるものか、④保護者の助言によるものか、⑤理由は特にないけれども何となしに止んだのか、⑥警察その他の機関の助言によるものか、⑦被害児童生徒がなんらの精神的苦痛も身体的被害など感じていないこと、またその理由など、いろいろな原因があるはずです。その意味で、今後の調査に当たっては解消原因についても対象に加えることが、まさに「いじめ事件」の防止対策に大きな意味を持つと思います。

とにかく、いじめ事案で重要なのは関係する情報を可能な限り集めることです。最終的な判断は情報の蓄積の結果の評価によるものだからです。

いじめの「重大事態」とは

いじめ事件の中でも、特に重い結果が発生したと疑われる時、つまり、いじめにより児童生徒の生命、心身又は財産に重大な被害が生じた疑いがあると認められるとき、又は、いじめにより児童生徒が相当の期間学校を欠席することを余儀なくされている疑いがあると認めるときを、いじめ防止対策推進法は「重大事態」と定義してその対応について特別の措置を採ることを求めています。

２０２１年度の調査結果によれば、「重大事態」の発生件数は７０５件で、前年度の５１４件を上回っています。いじめ事件の対応について、最も困難かつ難しい対応が迫られる事件類型といえます。このような場合の対応策として調査委員会が設置されることになっています。

ところがこの調査委員会の設置は事件発生後かなり長い時間を要するため、その間は学校の中で職員による対応がなされ、その対応が生温いという批判が特に被害者側から出ています。これはある程度まではやむを得ないと思いますが、いじめ事件で重要なポイントは何よりも速やかな事実関係の確定であり、しかも、こうした事実関係の調査は時がたてばたつほど困難さを増します。したがって、調査委員会の設置が予想されるような事案の場合には、その設置までに、学校側が可能な限りの調査を行い、信頼性のある報告書を作成することがキーポイントとなります。

どのような機関を設置するにせよ、事件の重要な当事者の1つは学校です。その意味をしっかり自覚することが必要かと思います。どうせ調査委員会が調べるのだからなどという態度は許されません。調査委員会のメンバー構成も慎重に考慮する必要があります。少なくとも事件発生の学校の校長が調査委員会の議長を務めるようなことは、調査の公平・中立の視点からも留意すべきだと思います。調査委員会と学校側は対立する立場ではなく、同一目的に向かって協力する組織体として機能する必要があります。

いじめ防止対策推進法の課題

いじめ防止対策推進法は全体的に要点が集約されており、国、学校、地方公共団体などに対する指導理念が明白なかたちで規定され、かつ、その実効的な措置を採るように促しています。

いじめ対策の論点としては、規定し尽くされていると言ってもよいでしょう。

あえて注文するとすれば、教員に対する人権感覚醸成のための努力義務を入れて欲しかったという気持ちはあります。なんといっても児童生徒に最も近くで接触している大人は教員です。最近の報道では、児童生徒のいじめないしはそれに近い訴えに対して正面から向き合うことをしない教員、いじめを訴えるノートに花丸を付けて返すという無神経そのものの教員、そもそもいじめそのものに無関心な教員などが存在すると言われています。私が調査に当たった中学生の自殺事件でも、調べていくうちに、数人の教員がいじめ生徒と共同で信じられないような加担行為をしていた事実も確認しています。

要するに、児童生徒の悩みや訴えが彼らにとってどんなに危機的なことであるかを少しでも共感する気持ちのある教員なら、そんな無神経な行為には出ないはずです。しかし、現実にはその手の教員がごく一部にしろ存在するのは事実です。教員にとって児童生徒の信頼を得ることは教育活動の1丁目1番地の問題です。そのような意味でも、この法律に教員の使命として瑞々しい人権感覚を身につける努力目標を掲げることは有用かつ必要なことだと思います。

また、いじめの加害児童生徒の親に対する規定についてです。いじめ防止対策推進法はこれに関する規定を置いていますが、もっと強い表現の条文であってよいと思います、指導助言程度の話ではなく、親として果たすべき法的義務を強調すべきだと思います。

いわゆる中野富士見中学のいじめを苦にして自殺した事件の損害賠償請求事件においても、

東京高裁判決はいじめ加害者の親について「……親権者であり、親権に服する子らについて不法行為をすることのないよう監督すべ義務を負っているものである。……本件いじめの実態が深刻であり、被害者生徒の心身に大きな悪影響が生ずるおそれのある状況であることを認識し得たはずであるにもかかわらず、そのような努力をすることなく、……適切な指導監督をすることを怠り、……殆ど放任していたものであり、それが……本件いじめ行為を反復させる結果を招いたものである。……従って、……に対する監督義務を怠った過失があるというべきである、民法709条、719条1項により、不法行為により、損害の賠償をすべき責任がある」と判示しています（東京高等裁判所1991年判決から）。

このような判決を持ち出すまでもなく、親権者として未成年者に対する監護・養育の義務が課されている以上、親（親権者）としての義務を履行するのは当然のことであり、それを怠れば損害賠償義務を負うのは当然のことです。フランスが加害児童の親に対して厳しい対応をしている根拠はそこにあります。このような親（親権者）として恒常的に持つ義務の意味を法律上明らかにしておくことは、必要かつ有意義なことだと思います。

私の拙いいじめ事件の調査経験からしても、日本の場合はいじめ事件における親（親権者）の位置づけが少し緩いようにも思います。厳罰主義ではなく、いじめ事件における重要な関係者の一員としての位置づけは当然考慮されてよいと思いますが、いかがでしょうか。それを防止対策推進法に盛り込むことも、是非検討して欲しいと思います。

なお前記のとおり、フランスのいじめの総合対策の中にある、「他者への配慮を育む【共感授業】の実施」、あるいはそれを含んだ「人間関係学」「人間学」の採用なども是非検討して欲しいと思います。日本人は大人もそうですが、「会話」を楽しむことが大変苦手のように思います。「会話学」などもその内容も含めて指導できるようになれば、いじめ問題の減少にも大きく貢献できると思います。「話せばわかる」ではありませんが、自己の意思を率直に相手に投げかける習性が身につけば随分変わるでしょう。それと、フランスの施策の「いじめ問題に取り組む教員などの養成」も積極的に取り組むべきテーマだと思います。単なるいじめの問題だけでなく、人権の尊重、人間の尊厳の確保という、より大きな問題が背後にあることを自覚意識するところに意味があります。

最後に蛇足となりますが、児童・生徒に対して前記のとおり、「人間としてどう生きるか」というテーマなどで自由学習時間を設け、人が生きていく上で必要なもの、大事なものは何かということを児童・生徒に考えさせる授業を是非取り入れて欲しいです。個人の尊厳という憲法の原則を日常生活において活かすためにはどうすればいいかを児童・生徒自身に考えさせる教育を展開して欲しいと思います。一方的に知識を授けるのではなく、徹底的に具体的事例を混ぜながら指導して欲しいと思います。このような授業を展開するには教員自身の切磋琢磨が前提要件となります。明るく楽しい学校生活を実現するための様々な工夫が求められています。

４　こどもの不法行為とその責任

責任の所在はどこか

さて本項の最後に「こどもの不法行為と民法上の責任」について少し説明しておきたいと思います。いじめ事件に限りませんが、子どもが不法行為の加害者となって他者に損害を引き起こした場合、民法は７１２条と７１４条という２つの条文を用意しています。念のために条文を示しておきましょう。

民法第７１２条

「未成年者は、他人に損害を与えた場合において、自己の行為の責任を弁識するに足りる知能を備えていなかったときは、その行為について賠償の責任を負わない。」

民法第７１４条

「①前２条の規定により責任無能力者がその責任を負わない場合において、その責任無能力者を監督する法定の義務を負う者は、その責任無能力者が第三者に加えた損害を賠償する責任を負う。ただし、監督義務者がその義務を怠らなかったとき、又はその義務を怠らなくても損害

が生ずべきであったときは、この限りでない。②監督義務者に代わって責任無能力者を監督する者も、前項の責任を負う。」

つまり、その行為によってどのような責任が生ずるかが分からないこども（責任能力のないこども）については、責任を問うことができませんが、その責任無能力者を監督すべき立場にある親に責任があるとされているわけです。ただし、法文上は、親が監督義務を怠っていなかったと立証すれば責任を負わなくてよいとされています。しかし実際上はこの規定が適用になるのは殆どないと言ってよいでしょう。

法文の解釈としてはそういうことですが、具体的な事件が発生し前記の条文を実際に当てはめる場合に問題となるのは、第1に、どのようなこどもが責任能力がないとされるのかという点、第2は、親の監督義務の範囲とどのような場合に監督義務を尽くしたとされるかという点です。

従来の学説なり裁判所の判例は、おおよそ次のような対応をしてきました。まず、①責任能力の有無は個々のこどもについて判断されるべき事柄ですが、裁判所では一般的に、だいたい12歳前後になるまではこどもには責任能力はないという判断がされており、学説もこれを支持しています。

次に、②親の監督義務は、こどもの生活関係全般に及ぶ広範なものとされており、しかも、それは高度の注意義務とされている結果として、親が実際に責任を免れたというケースは皆無に近いとされています。

もちろんこれは原則であり、実際の事件では、こどもに責任能力が認められる場合であっても親を訴えてその監督責任を問うこともできるケースもあります。

以上のような日本の法的処理の特色は、第1に、民法の法文を素直に読む以上に、親の責任は厳しく追及するという態度が採られていること、こどもに責任能力がない場合はまず絶対的に親に責任を生ずるといってよいです。したがって、責任能力が認められる中学生以上の年齢になっても親の責任がなくなるわけではありません。

これに対して、こども自身の責任については、厳しく追及しようとする姿勢は弱いとされています。要するに、親には厳しく、こどもには甘いというのが、日本法の立場だということになりそうです。

いずれにしても、いじめの重大事態のようなケースではこうした加害者側の責任論が浮上する可能性は大いにあります。民法上の責任についてもしっかり押さえておいて欲しいと思います（樋口範雄『親子と法』弘文堂・15頁）。

第11章　こどものための共同親権

1　親権制度の基本

家族法の見直し

法務省の法制審議会家族法制部会は、2024（令和6）年1月30日に家族法の民法改正に関する要綱案をまとめました。この要綱案で見直しの対象となっている事項は、①親子関係、②親権および監護権、③養育など、④親子交流、⑤養子、⑥財産分与、⑦その他、の全部で7項目です。これら2022年の民法などの一部を改正する法律（嫡出推定制度などの改正）に続く家族法改正第2弾ともいうべきものです。今回の家族法の見直しのメインは、②の親権および監護権に関する事項と、③の離婚後の子の養育費に関する事項と、④の離婚後の親子交流に関する事項です。離婚した夫婦間に未成年のこども（未成年子）がいる場合の法的対応について、現行法の規定を改めようとするもので、いずれも家族法の中で喫緊の課題として改革が急がれている問題です。

夫婦が離婚することにより、最も大きな影響を受けるのはその間の未成年子です。子は父母双方の愛に満ちた監護・養育を受けて、健やかに成長することがなによりの希望であり現実でありたいと願っている存在です。夫婦関係が円満に推移していればこの願いも叶えられるのですが、不幸にして父母が離婚すると子の立場は大きく揺らぎます。しかも、その揺らぎは多くの場合マイナス作用として現れます。

今回の家族法制の見直しの重点項目は、**父母が離婚することによって多くの悩みを持つに至る未成年子への影響を可能な限り少なくして、両親が離婚前と同じように未成年子との関係を維持していけるようにしようというもの**です。いわば、未成年子が健やかに成長する権利を持っているという前提での改革であると筆者は捉えています。これは未成年子の生きる権利の問題であり、人権的視点で捉えるべき問題でしょう。

離婚は夫婦間の問題ですが、その間の未成年子から見れば、離婚の前後を通じて父は父であり、母は母であるという事実は変わることはありません。そのような未成年子の立場に軸足をおいた制度改正でなければならないと思います。今回公表された「改正要綱案」の内容については後で紹介することとして、こうした改正が求められるに至った背景をまず説明しておきたいと思います。

親権とは何か

親権とはどういうものかについては、歴史的な変遷もあります。家長権から父権に、父権から親権へとそれは変化したこともあり、親権の意義について、子に対する**親の権利**であるというように理解されていました。しかし、そうした理解には疑問が提起され、現在では、むしろ**子に対する親の社会的責務**といったほうが通りがよいとされています（内田貴『民法Ⅳ［補訂版］親族・相続』東京大学出版会・2004年・210頁）。

余談ですが、この「親権」という言葉についても、法制審議会家族法制部会で見直しが検討されています。「親権」には「権」という字が使われているため、親権者自身が「権利者」のように誤解・舞文するもとにもなっています。可能であれば、今回の改正の機会に「親義務」とか「親の配慮」とか「親責務」などに変更するのが良いでしょう。実際、欧州などではそういう言葉が使用されています。ただ、公表された改正要綱案ではこの親権概念の改正には何も触れられていないので、今回は見送られたものと思われます。改正の機会はそうそうある訳ではないので、今回の改正を機に改めて欲しかったと思います。こうした概念のもたらす作用は意外に大きいものがあるのではないでしょうか。

ところで、親権の内容は大きく2つに分けられます。1つ目は**身上監護権**、2つ目は**財産管理権**です。もっとも、財産管理権については、子が親権者が管理しなければならないほどの財産を持つのは稀有の事例なので、重要なのは「**身上監護権**」ということになります。身上監護権について、民法の第820条では「**親権を行う者は、子の利益のために子の監護及び教育をする権利を有し、義務を負う。**」と規定しています。監護とは、子に衣食を与え、子を養育することです。要するに、子が成長していく上で必要な一切の行為が含まれます。そして、教育とは、家庭での教育はもちろん学校教育、子の知育・教育・体育など、子の成育に必要な教育を施すことを意味します。

さて、こうした親権は誰に帰属しているのでしょうか。当面の改正の焦点となっているのは、未成年子がいる夫婦が「離婚」した場合です。民法第818条の第3項には、「**親権は、父母の婚姻中は、父母が共同して行う。**……」つまり未成年子の父母が婚姻中であれば、父母が等しく共同で親権を行使することになっています。

ところが、未成年子を有する夫婦が協議離婚をすることになった場合は、民法第819条1項で、「**父母が協議上の離婚をするときは、その協議で、その一方を親権者と定めなければならない。**」としています。また同条2項には、「**裁判上の離婚の場合には、裁判所は、父母の一方を親権者と定める。**」としています。つまり、未成年の子を有する夫婦が協議離婚をするときは、その協議で夫婦（父母）の一方を親権者と定めること、裁判離婚の場合は、裁判所が夫婦（父母）の一方を親権者と定めることになっています。

現行民法は、父母が婚姻中のときは「父母共同親権制」を採り、父母が離婚するときは父母のどちらか一方の「単独親権制」を制度として採用しているわけです。そして、この離婚に際しての「親権者」の決定は離婚届書に記載することが離婚届出の受理要件ともなっています。

なぜ離婚後は父母の一方のみによる「単独親権」とされたのでしょうか。確かな理由かどうか自信はありませんが、夫婦が離婚すると、当然のことながら離婚後は別居するのが普通です。そうすると、生活を共にしていない父母が共同で親権を行使することは不可能ではないとしても、婚姻中のように円滑にはいかず、いろいろと障害があり得ます。事柄は未成年子の監護・養育に関わることなので、未成年子の立場に立って考える必要があります。そこで、そうした物理的な親権行使の障害事情を考慮して採られた制度が、離婚後の単独親権制だと思われます。

さて、そうなると未成年子の立場は父母が婚姻中の場合とは取り巻く状況は大きく様変わりします。それもマイナスの方向に大きく変化するのが普通です。少なくとも離婚後の単独親権制は、やむを得ないこととは言え、未成年子の生活環境の変化の影響が最低限ですむような方策が求められます。今回の家族法の見直しの1つのポイントはそこにあると思います。

母親の単独親権が8割

それでは、親が離婚した未成年子の数をみてみます。2018年から3年分の統計からみてみます。まず、2018年は、離婚件数が20万8333件で未成年子の数は、21万9808人、2019年は、離婚件数が20万8496件で未成年子の数は20万5972人、2020年は、離婚件数は19万3253件で未成年子の数は19万4129件となっています（共同養育支援法全国連絡会資料より）。

この数字をみると、毎年ほぼ20万人以上かそれに近い数字の未成年の子どもが親の離婚を経験していることになります。そしてこの場合、**8割強で母が単独親権者**になっています。

こうした離婚後の単独親権は先進7ヵ国（いわゆるG7）中で唯一日本だけで、それ以外の国は離婚後も共同親権制度を採用しています。離婚後も両親が愛情をもって子どもの成長、発育にかかわることが子どもの利益となり、2人の親を持つという子どもの権利を守るものとして、各国は共同親権制度を採用しているのです。

親権制度の問題点

親権を巡ってはいくつかの考え方があり、まさにそうした考え方の中でどれが妥当かという視点から、家族法制部会で詰めの審議が行われているわけです。そうした制度面での検討はもちろん重要かつ必要なものであることは当然のことです。離婚後の共同親権主義も単独親権主義も一刀両断式に決めることができるほど単純ではありません。しかし、いずれの立場に立つにせよ、その意見にはポリシーが必要です。

私自身は基本的には離婚後の共同親権主義を支持するものですが、それは根底に親は未成年子とどのような関係になっても「親」であることを否定することはできない存在だからです。それを、離婚の機会に親権者の地位を免れて子に対する監護養育の義務を放擲するのでは無責任と言うべきです。こどもの利益を第一に考える必要のあることは至極当然のことであり、それに反対する人はいないでしょう。離婚後の単独親権主義も理論的には当然あり得ることですが、いかんせん離婚後の共同親権主義のような理論的理由がありません。法制度としては部分的に採用される可能性はあってよいとは思いますが、それを補強する理由を見出すのは少なくとも私には難しいことです。家族法制部会の改正の方向性は後で見てみたいと思います。

2　こどものための家族法を考える

親権者の自覚を促す

ある問題についてその改革改善を図ることはいろいろな分野で行われており、それは恒常的に必要なことです。ただ、留意しなければならないことは、制度の見直しによる改革はあくまで第1次段階として法律の整備が行われるのであって、それで問題が解決するわけではありません。**法律改正はスタートに過ぎない**のです。そして、その法律に魂を入れるのは法律の適用を受ける人ではないでしょうか。

そのような視点で見ると、親権について未成年子を持つ父母がどれだけ自覚的に問題の本質について認識して、対応しているかはかなり疑問が残ります。そういう人にはどんな法律の改正をしても「柳に風」で効果は期待できません。その意味では2022年の民法改正により民法に第821条が新設され、「**親権を行う者は、前条の規定による監護及び養育をするに当たっては、子の人格を尊重するとともに、その年齢及び発達の程度に配慮しなければならず、かつ、体調その他の子の心身の健全な発達に有害な影響を及ぼす言動をしてはならない。**」とされました。こうしたタイプのいわゆる理念的規定は最近になって少しずつ増えてきましたが、他面で、親権の意義とかその行使に当たっての留意事項など、文書で親権者や親権者となる者に交付して問題の啓発に努めることも大事なことだと思います。出生届があった時などを捉えて親権者となる親に親権と親の責任などを自覚的に理解してもらうようなガイドブックやパンフレットなどを交付する方策なども検討されてよいと思います。

協議離婚の約8割で親権者が母になっているというのも、かなり問題点を含んだ結果のように思います。これらにもメスを入れる必要があると思っています。要するに、離婚後の未成年子の立場を考えれば、問題の本質は制度面よりもむしろ現実の離婚夫婦の離婚後の親権・監護権の運用面における未成年子との対応にこそ問題があるというようにも思われます。

立法の効果は法律の内容と関係当事者の自覚的理解による努力により初めて実効的なものとなります。今後はそういう側面でも行政側で推進して欲しいと念じています。家族法制の見直しの中でもそういう視点からの改正も視野に入っているものと理解しています。期待したいと思います。

家族法の改正と問題点

それでは２０２４年1月30日に法制審議会家族法制部会がまとめた民法改正要綱案について、特に「未成年子」の利益と深く関わる問題点に限定して紹介します。

第1に、親子関係に関する基本的な規律として、**父母の責務を明確化**するためのものを整備しました。①父母は、子の心身の健全な発達を図るため、その子の人格を尊重するとともに、その子の年齢及び発達の程度に配慮してその子を養育しなければならず、かつ、その子が自己と同程度の生活を維持（生活保持義務）することができるよう扶養しなければならない。

そして、②父母は**婚姻関係の有無にかかわらず**、子に関する権利の行使又は義務の履行に関し、その子の利益のため、互いに人格を尊重し協力しなければならない。

いわゆる理念的規定と評価できますが、従来こうした規定は例をみないもので、親権の重要性と子の人格の尊重という親子関係の基本的あり方について、父母の自覚を徹底するものとして極めて有意義な内容と言えます。

また②については、離婚後も父母双方が子の成長に責任を持つ必要があることから、現行の民法で「婚姻中は父母が共同して行う」と定められている親権を、婚姻中に限らず、離婚後も双方が持てるようにしました。問題は、こうしたことが成文化されて法律の内容として規定されたとしても、その内容をいかにして国民に周知・啓発できるかです。これがとても重要なことです。

第2に、離婚後の**親権**に関するものです。これについては、①父母が合意すれば、離婚後も**共同親権**を選択することができます。しかし、②合意ができなければ、家庭裁判所が親権者を定めることとし、**家庭内暴力などがある場合は単独親権とする**ことも認めています。また、③親権者を定めた後も、家庭裁判所の判断で親権者を変更することができます。

ここでの問題は、家庭裁判所が親権者の決定・変更に一定の関与ができる仕組みとなっていることです。本当に家庭裁判所が適時に対応することができるのかという不安があります。それが適宜適切に機能しないと、この家庭裁判所の関与は「絵にかいた餅」になる可能性があります。

第3に、**親権の協議と離婚の届出を分離することも可能としたこと**です。現行法では、父母の一方を親権者と定めなければ離婚の届出を受理することができないと定められています（民法765条第1項）。これを見直して、親権の協議が折り合わなくても離婚だけを成立させ、後から家庭裁判所が親権者だけを定めることができます。これも離婚後の親権者決定の難渋さを考慮してのものと思われますが、戸籍実務に与える影響は少なくないでしょう。

第4に、**離婚後の子の監護に関する事項の定め**などについてです。離婚後の子の監護をすべき者が指定された場合における権利義務については、民法第766条の規定により定められた子の監護をすべき者は、同法第820条から第823条までに規定する事項について、親権を行う者と同一の権利義務を有するとし、この場合において、子の監護をすべき者は、単独で、子の監護及び教育、居所の指定及び変更並びに営業の許可、その許可の取り消しや制限をすることができるとしています。この場合、親権を行う者は子の監護をすべき者の行為をすることを妨げてはならないとしています。監護者による子の監護事務の遂行をスムーズにするための方策かと思われますが、子の利益のためには肯定できると思います。

第5に**養育費**に関する内容です。これについては、差押えをしやすくするため、養育費などの請求権に他の債権に優先する「特権」を与えることにしています。また、父母間の取決めがなくても、最低限の「法定養育費」を請求できるようにするとしています。

離婚後の子の養育をめぐって大きな問題点の1つは、養育費を支払う「親」が極端に少ないという現実がありました。親の子に対する最大の義務ともいうべき養育費の支払を怠るなどは言語道断であり、この点については法律により厳しくその義務を履行せざるを得ないような仕組みを設けるべきです。「法定養育費」はその意味で有効であり、差押えの場合の養育費請求権に他の債権より優先する地位を与えるのも有効な手段として、いずれもその法案化に期待したいと思います。

第6に**親子交流**に関するものです。特筆すべきは、裁判手続における親子交流の試行的な面会交流をできるようにしたことです。要綱案によると、家庭裁判所は、子の監護に関する処分の審判事件において、子の心身の状態に照らして相当でないと認める事情がなく、かつ、事実の調査のため必要があると認めるときは、当事者に対し、子との交流の試行的実施を促すことができる、としています。これは面会交流の可否などを争う手続中における措置の1つとして新たに規定しようとするものです。

3　こどもの権利としての親権

共同親権という選択肢

離婚した父母と未成年子との関係において特に子の利益の維持という側面から重要な視点は、いうまでもないことですが、離婚後の父母が未成年子にどのように関わって親としての義務を果たしていくかという点に尽きるかと思います。夫婦としての好ましい関係を維持しながら離婚するということはあり得ない話ではないにしろ、稀有の事例に属するといえましょう。一緒に生活することを継続できない事情があるからこそ別離を選択することになるのが一般です。そうすると、親権の内容として日常的に子どもの世話や教育をするいわゆる身上監護権と契約行為の代理などの財産管理権がありますが、こうした親権の行使の方法を離婚後はどう考えるかは、未成年子にとって極めて重要かつ深刻な問題を提起することになります。昨日まで父母が相協力して自分の監護養育などに当たってくれたのにそれがある日からできなくなるというのは、未成年子にとって晴天の霹靂ともいうべき事態といえましょう。そうした問題もあり今回の家族法制の見直しのトップに父母離婚後の未成年子を有するカップルについての親権などのありようを見直すこととなったわけです。

そこで今回の要綱案では現行の離婚後は父母の一方のみが親権を有するという制度を改めて離婚後の親権は協議離婚の場合はその協議で双方による共同親権も選べるようにしています。つまり、原則として、離婚後は婚姻中と同じように「共同親権」を選択することも「単独親権」を選択することも可能としています。前にも触れましたが、2021年は約18万組の夫婦が離婚し、その57%に未成年子がいました。現行法ではこの子らは父母離婚後、父母どちらかの「単独親権」に服していることになり、しかも、この場合、80%は母が親権者になっているという数字が出ています。未成年子から見ると、離婚しても「父」は「父」であり「母」は母であることに変わりはありません。両親の愛情を受けて育つ権利が未成年子にあるとの考え方を基本として、欧米では、1990年代以降、離婚後も共同親権制が拡がりました。家族法制部会もこうした制度の是非を検討してきました。

今回の要綱案はこの離婚後の共同親権制の採用にも意義があるとされたものと思われます。なお、裁判上の離婚の場合には、裁判所は、父母の双方又は一方を親権者と定めるものとしています。つまり、裁判離婚の場合も、離婚後の共同親権も父母いずれかの単独親権が裁判所によって定められるものとしています。

いずれにしても家族法制部会の審議の方向としての制度枠組みは現行法より格段に前進した

ものと評価できると思います。問題は夫婦として破綻した2人が、親として対等に話しあい、協力できるかどうかにかかっています。簡単ではなさそうに思えますが、2人がどこまで「親権制度」とその行使方法による子の利益・不利益に自覚的に対応できるかにかかっています。

共同親権が選択された場合、その父母の関係によっては、子どもの生活全般の意思決定が、父母が同居していない場合が一般的であることを考えれば、時期を失するということもあり得ます。「要綱案」では、子どもと同居し日々の世話をする「監護者」が、習い事など日常的な教育や住む場所については単独で決められるとして、一定の配慮をしています。

共同親権制の採用に関連して問題提起されているのが、**DV・虐待などの問題のある親が共同親権をもつこと**です。これにについて弁護士やひとり親の当事者団体が強く懸念を示しています。ここは家庭裁判所の関与の幅を拡げて厳格な運用がされることを期待したいと思います。間違ってもDV加害者が親権を持つような事態は避ける方策を考えるべきでしょう。

親権とはこどもの権利

最後に、養育費の不払いが現状では深刻な状況にあると言われています。もともと養育費を取り決めているカップルが少なく、2021年の調査では離婚による母子世帯の47%で養育費の取決めがなく、実際に受け取っている世帯もわずか30%にとどまっています。まさに養育義務の放棄ともいうべき状況と言えます。この点について要綱案では、養育費を決めないで離婚した場合でも、監護する親が他方に対して請求できる「法定養育費」や、財産から優先的に差し押さえできる仕組みを採用しています。是非実現に向けて成案を得て欲しいと思います。

全体的に改正の動向は、「子の利益」のより実現性の高い方策も視野に入れて検討が進められているように思えます。親権は親の権利ではなく、**こどもへの義務**の意味がより強いことが、広く認識されるべきであると思います。離婚による夫婦の「**他人化**」と子に対する「**親責任の不変化**」をしっかり区分して未成年子に対する変わらぬ愛情を示すよう期待したいです。

繰り返しになりますが離婚後の未成年子に対する親の在り方は、制度よりも**運用**にあると思っています。制度をどう改めてもその運用面で法とのギャップが狭められない限り改正の効果は限定的なものに終わる可能性があります。今回の改正の方向については批判的意見も多いようです。その動向に注視したいと思います。

民法改正の可決

なお、前記の親権制度の改正を中心とした民法などの一部改正案は2024年5月17日に参議院本会議で可決し、成立しました。公布から2年以内に施行される予定です。国会における審議では、改正法案をめぐるいくつか重要な課題が指摘されたので、簡単に紹介しておきます。

①家庭裁判所の体制強化

裁判官や家庭裁判所調査官の増員、ＤＶ被害に関する専門性の向上が必要であること

②改正法の仕組みの周知

共同親権でも一方の親だけで決められる「日常の行為」「急迫の事情」の意味を明確にすること

③父母の協力義務

離婚後の親へのガイダンスや、子育てに関する計画作りの推進

④こどもの意見の尊重

専門家が子どもの意見を聞き取る体制の整備

以上の点は、筆者が本文の中で指摘した事項とオーバーラップする部分が多いです。特に父母の協力義務の部分については、効果的なガイダンスの作成とその配布の方法も含めて真摯に検討して欲しいと思います。全ては「子」の利益のために。

第12章 トランスジェンダーの性転換をめぐる法律と人権問題

1 トランスジェンダーの基本

性同一性障害とは

「性同一性障害者」は、「性同一性障害者の性別の取扱いの特例に関する法律」の中で規定されています。

「「性同一性障害者」とは、生物学的には性別が明らかであるにもかかわらず、心理的にはそれとは別の性別であるとの持続的な確信を持ち、かつ、自己を身体的及び社会的には他の性別に適合させようとする意思を有する者であって、そのことについてその診断を的確に行うために必要な知識及び経験を有する2人以上の医師の一般的に認められている医学的知見に基づき行う診断が一致しているものをいう。」（同法第2条）

つまり、性同一性障害者は、「**生物学的には完全に正常であり、しかも、自分の肉体がどちらの性に属しているかは、はっきりと認知していながら、その反面で、人格的には自分が別の性に属していると確信している状態**」と定義されます。自分は生物学的には明らかに男性であることを認知しながら、反面で、人格的には他の性、つまり女性に属していると確信している状態と言えます。ですから、生物学的には男女の両性を具備する間性（半陰陽）や、同性愛とは区別される概念といえます。性同一性障害者は、生物学的な性と自己意識が一致しない疾患ですから、それに罹患している人は、社会生活上様々な問題を抱えて暮らすことになります。

性同一性障害者の方が特に関心と問題意識を持たれていたのは、戸籍との関係でした。最近では、「名」の変更も、家庭裁判所の審判により認められる例が多くなってきました。しかし、戸籍の訂正による性別変更（続柄欄の記載の変更）については殆ど認められないという状況が続いていました。

そこで、性同一性障害者の置かれている諸状況に鑑み、性同一性障害者について、法令上の性別の取扱いの特例を定める法律案が提案され、立法化されました。つまり、性同一性障害者のうち特定の要件を満たす者について、家庭裁判所の審判により、法令上の性別の取扱いと、戸籍上の性別記載（続柄欄）を変更できるようになったのです。

２００３（平成15）年7月10日に成立した「性同一性障害者の性別の取扱いの特例に関する

法律」（以下、特例法）がそれです。これは議員立法によるもので、２００４（平成16）年7月16日から施行されて現在に至っています。

性転換に必要な5つの条件

ここからの目的は、本法の要件の（違憲性）人権侵害性の有無です。まず、本法の定める「性別の取扱いの変更の審判」に関する要件規定である第3条の規定を見てみましょう。

第3条　家庭裁判所は、性同一障害者であって次の各号のいずれにも該当するものについて、その者の請求により、性別の取扱いの変更の審判をすることができる。

1　18歳以上であること。

この要件は平成15年の立法当時、「20歳以上であること」となっていましたが、平成30年法律第59号で成年年齢が20歳から18歳に引き下げられたことで、このように改正されました。

2　現に婚姻していないこと。

未婚要件を規定したのは、婚姻をしているトランスジェンダーについて性別の変更を認めると、同性婚の状態という現行法秩序において解決困難な問題が生じるおそれがあるためと説明されています。ここでいう「現に婚姻をしていないこと」とは、審判の時に婚姻をしていないことを意味します。

3　現に未成年の子がいないこと。

この要件についても立法当初は「現に子がいないこと」が要件とされていました。これが平成20年法律第70号により「現に未成年の子がいないこと」に改正されました。

4　生殖腺がないこと又は生殖腺の機能を永続的に欠く状態にあること。

この要件は、性別の取扱いの変更を認める以上、元の性別の生殖能力が残っていることや、生殖腺から元の性別のホルモンが分泌され、作用するようなことは妥当でないと判断されたことによるものです。「生殖腺がないこと」とは、性別適合手術により生殖腺が除去されている場合だけでなく、何らかの原因により生殖腺が存在しないことを言います。「生殖腺の機能を永続的に欠く状態にあること」とは、生殖腺は存在するものの、抗がん剤の投与やX線照射などによって、その機能全般が永続的に失われていることを言います。ここで、「生殖腺の機能」とは、生殖機能のみならずホルモン分泌機能を含めた生殖腺の働き全般を指し、また、その機能を「永続的に欠く状態にあること」を要すると解されています。これを「**生殖不能要件**」といいます。

5　その身体について他の性別に係る身体の性器に係る部分に近似する外観を備えていること。

これは「外観」を問題にするもので、例えば、身体の一部として他の性別に係る外性器に近似するものがある場合などを指します。しかし、必ずしも、他の性別に係る外性器に近似するものそのものが備わっていない場合に限り、この要件を満たすことにはならないという趣旨ではなく、その身体につき他の性別に係る身体の外性器に係る部分に近い外見を有していることでも足りるものと考えられているようです。これを「**外観要件**」といいます。

2　トランスジェンダーをめぐる法律の問題点

「生殖不能要件」の危険性

前記のとおり、特例法では、その第3条第1項において「**生殖不能要件**」（4号）と「**外観要件**」（5号）を満たすことをも求めています。このうち4号の「生殖不能要件」が設けられた趣旨は、「性別の取扱いの変更を認める以上、元の性別の生殖腺が残っていることや、生殖腺から元の性別のホルモンが分泌され、作用することは妥当でないと判断されたことによるもの」と解されています。つまり、性別の取扱いの変更がなされた後に、残存する元の性別の生殖機能により子が生まれるようなことがあるとすると、様々な混乱や問題を生じることにもなりかねず、また、生殖腺から元の性別のホルモンが分泌されることで、身体的・精神的に何らかの好ましくない影響を生じる可能性を否定できないと考えられたものと説かれています（自見武士「性同一性障害者の性別の取扱いの特例に関する法律の概要」民事月報59巻8号171頁）。

しかし、この規定をめぐっては、制定当時から憲法違反説もありました。例えば、本件規定が憲法13条によって保障された「身体の不可侵性」を侵害するという観点から、その手段がその目的達成との関係で許される範囲を越える旨を説くもの（高井裕之「性同一性障害者特例法による性別変更の生殖腺除去要件の合憲性」新・判例解説Watch・Vol.21・37頁）や本件規定の目的自体に正当性がないとするもの（谷口洋幸「性自認と人権」法学セミナー753号）などがありました。

性転換をめぐる裁判

ここからは、実際の裁判判決（2019年1月23日）を見てみましょう。本件は、生物学的には女性である抗告人が、特例法第3条1項の規定に基づき、男性への性別変更の審判を申し立てたものです。その際、自らが同特例法3条1項4号の要件（生殖不能要件）を満たしていないことを前提としつつも、本要件は憲法13条（身体の不可侵性）に違反し無効だと主張し、その可否が問われた事案でした。

この申立てに対して、原審も原々審ともに、「法律上の性別の取扱いの変更の要件をどのように定めるかは、その内容が合理性を有する限りは立法府の裁量に属するものというべきであり、本件規定が憲法13条に違反する不合理な規定であるということはできない」と判断し、本件申立てを却下すべきだとしました。これに対して、抗告人は本件規定が憲法13条及び14条1項に反し無効であるとして、特別抗告しました。しかし、さらにこれに対して、最高裁第2小法廷は次のように判断をしました。

「性同一性障害者につき性別の取扱いの変更の審判が認められるための要件として『生殖腺がないこと又は生殖腺の機能を永続的に欠く状態にあること』を求める性同一性障害者の性別の取扱いの特例に関する法律3条1項4号の規定（以下「本件規定」という）の下では、性同一性障害者が当該審判を受けることを望む場合には一般的には生殖腺除去手術を受けていなければならないことになる。本件規定は、性同一性障害者一般に対して上記手術を受けること自体を強制するものではないが、性同一性障害者によっては、上記手術まで望まないのに当該審判を受けるためにやむなく上記手術を受けることもあり得ることであって、その意思に反して身体への侵襲を受けない自由を制約する面もあることは否定できない。

もっとも、本件規定は、当該審判を受けた者について変更前の性別の生殖機能により子が生まれることがあれば、親子関係などに関わる問題が生じ、社会に混乱を生じさせないことや、長きにわたって生物学的な性別に基づき男女の区別がされてきた中で急激な形での変化を避けるなどの配慮に基づくものと解される。これらの配慮の必要性、方法の相当性などは性自認に従った性別の取扱いや家族制度の理解に関する社会的状況の変化などに応じて変わり得るものであり、このような規定の憲法適合性については不断の検討を要するものというべきであるが、本件規定の目的、上記の制約の態様、現在の社会的状況などを総合的に較量すると、本件規定は、**現時点では（筆者注・２０１９年当時を指す）憲法13条、14条1項に違反するものとはいえない。**

このように解すべきことは、当裁判所の判例（略）の趣旨に徴して明らかというべきである。論旨は採用することはできない」

本件判決では、生殖不能要件は憲法13条、14条1項には違反しないとしていますが、決定の中には要件への懐疑的意見も示されています。何よりも、「現時点においては、本件規定は、憲法13条、14条1項に違反するものとは言えない」としており、近い将来の違憲判断の予測すら匂わせている点は注目すべきといえます。

3　トランスジェンダーはなぜ手術を受けなければならないのか

最高裁、全員一致で違憲判決

トランスジェンダーが戸籍上の性別を変えるために、生殖能力を失わせる手術を必要とする「生殖不能要件」に対して、2023年10月25日の最高裁判所大法廷は「**憲法違反**」としました。前記の2019年の決定から約4年を経ての判例変更でした。最高裁の判例変更にしてはやや早いかなとも思いますが、こうした人権侵害のおそれのある規定は速やかに変更するのが望ましいと思います。

そこで、この歴史的「決定」における、多数意見の要旨の一部を紹介します。じっくり読んでください。憲法違反の理由を中心に紹介します。

生殖不能要件による制約

トランスジェンダーが性別の取り扱いの変更の審判を受けるには、生殖不能要件の規定に該当することが必要だ。本件規定に該当するには原則、生殖腺除去手続を受ける必要があると解される。

自己の意思に反して身体への侵襲を受けない自由は、人格的生存に関わる重要な権利として憲法13条で保障されている。性同一性障害者がその性自認に従った法令上の性別の取り扱いを受けることは、戸籍上の性別が社会生活上の多様な場面で個人の基本的な属性の1つとして扱われており、個人の人格的存在と結びついた重要な法的利益というべきだ。性同一性障害者が、治療で生殖腺除去手術を受けることを要するか否かにより異なるものではない。

本件規定は、治療で生殖腺除去手術がいらない性同一性障害者に対し、性自認に従った法令上の性別の扱いを受けるという個人の人格的利益と結びついた重要な法的利益を実現するため、手術を受けることを余儀なくさせる点で、身体への侵襲を受けない自由を制約する。このような制約は、性同一性障害を有する人に対し、生殖腺除去手術を受けることを直接的に強制するものではないとしても、身体への侵襲を受けない自由の重要性に照らし、必要かつ合理的なものでない限り、許されない。

本件規定による制約が必要かつ合理的なものか否かについては、本件規定の目的のために制約が必要とされる程度と、制約される自由の内容及び性質、具体的な制約の態様及び程度などを比べ、判断されるべきだ。

「生殖不能要件」はなぜ必要か

本件規定は、性別変更審判を受けた人について、変更前の性別の生殖機能で子が生まれることがあれば、親子関係などに関わる問題が生じ、社会に混乱を生じさせかねない――長きにわたって生物学的な性別に基づき、男女の区別がされてきた中で急激な形での変化を避ける必要がある――ことなどの配慮に基づくものと解される。

だが、性同一性障害を有する人は社会全体からみれば少数だ。性別変更審判を求める人の中には、自己の生物学的な性別による身体的特徴に対する不快感を解消するため、治療で生殖腺除去手術を受ける者も相当数存在する。生来の生殖機能で子をもうけること自体に抵抗感を有する者も少なくないと思われる。本件規定がなかったとしても、生殖腺除去手術を受けずに性別変更審判を受けた人が子をもうけることによって親子関係などに関わる問題が生ずることは、極めてまれだと考えられる。

法律上の親子関係の成否などの問題は、法令の解釈、立法措置などで解決を図ることが可能だ。性別変更審判を受けた人が、変更前の性別の生殖機能で子をもうけると、「女である父」や「男である母」が存在するという事態が生じ得る。法改正により、成年の子がいる性同一性障害者が性別変更審判を受けた場合、「女である父」や「男である母」の存在が承認されることとなった。現在までに、親子関係などに関わる混乱が社会に生じたとはうかがわれない。

社会状況の変化

2004年の特例法施行から約19年が過ぎ、1万人超が性別変更の審判を受けた。法務省が

２００４年以降、性同一性障害を理由とする偏見などの解消を掲げて人権啓発活動を行っている。文部科学省は２０１０年以降、学校教育の現場で性同一性障害を有する児童生徒の心情などに十分配慮した対応がされるよう、各教育委員会などにその旨を要請する通知を発出し、教職員向けのマニュアルの作成、配布を行った。厚生労働省も２０１６年、労働者を募集する際の採用選考の基準で、性的マイノリティーを排除しないよう事業主に求めた。２０２３年６月には、性的指向及びジェンダーアイデンティティーの多様性に寛容な社会の実現に資するため、「ＬＧＢＴ理解増進法」が制定された。

地方公共団体では、東京都文京区で13年、性自認などを理由とする差別的な取り扱いや、その他の性別に起因する人権侵害を行ってはならない旨の条項を含む条例が制定された。それ以降、相当数の地方公共団体の条例で、同趣旨の条項が設けられている。

特例法の制定当時、法令上の性別の取り扱いを変更するための手続を設けている国の大多数は、生殖能力の喪失を要件としていた。だが、その後、生殖能力の喪失を要件とすることについて、14年に世界保健機関などが反対する旨の共同声明を発し、17年に欧州人権裁判所が欧州人権条約に違反する旨の判決をしたことなどから、現在では欧米諸国を中心に生殖能力の喪失を要件としない国が増加し、相当数に及んでいる。

性同一性障害を有する者に関する理解が広まりつつあり、その社会生活上の問題を解消するための環境整備に向けた取り組みなども社会の様々な領域において行われている。「女である父」や「男である母」の事態が生じ得ることが社会全体にとって予期せぬ急激な変化に当たるとまではいい難い。特例法の制定当時に考慮された制約の必要性は、諸事情の変化により低減している。

医学的知見の進展

特例法の制定趣旨は、性同一性障害に対する治療を受けていたとしても、なお戸籍上の性別が生物学的な性別のままであることにより、社会生活上の問題を抱えている人について、性別変更審判をすることによって治療の効果を高め、社会的な不利益を解消することにあると解される。

制定当時、生殖腺除去手術を含む性別適合手術は段階的治療における最終段階の治療として位置付けられていた。生殖腺除去手術を受けたことを前提とする要件を課すことは、性同一性障害についての必要な治療を受けた人を対象とする点で、医学的にも合理的関連性があったということができる。

だが、特例法の制定後、性同一性障害を有する人の症状や、治療の在り方の多様性に関する認識が一般化し、段階的治療という考え方が採られなくなった。どんな身体的治療を必要とするかは患者によって異なるものとされた。必要な治療を受けたか否かは、性別適合手術を受けたか否かによって決まるものではなくなり、生殖不能要件を課すことは、医学的にみて合理的関連性を欠く。
本件規定は医学的知見の進展に伴い、治療としては生殖腺除去手術を要しない性同一性障害者に対し、身体への侵襲を受けない自由を放棄して強度な身体的侵襲である生殖腺除去手術を受けることを甘受するか、性自認に従った法令上の性別の取り扱いを受けるという重要な法的利益を放棄して性別変更審判を受けることを断念するかという過酷な2者択一を迫るものになった。本件規定による身体への侵襲を受けない自由への制約は過剰になっており、その制約の程度は重大なものというべきだ。

結論

本件規定による身体への侵襲を受けない自由の制約については、**現時点ではその必要性が低減しており、程度が重大なものとなっていることを踏まえれば、必要かつ合理的ということはできない。**

本件規定は憲法13条に違反し、無効である。これと異なる見解の下、申し立てを却下した原決定は破棄を免れない。原審が判断していない、特例法の外観要件の規定に関する主張についてさらに審理を尽くさせるため、本件を原審に差し戻す。（以上の判決の多数意見の要旨は2023年10月26日付けの朝日新聞の報道記事に拠っています）

4　トランスジェンダーが生きやすい社会に向けて

判例変更をもたらしたもの

今回、最高裁大法廷判決が従来の決定を変更した要因はいくつかあります。前記した2019年の最高裁第2小法廷の決定が、「生殖不能要件」を合憲としながらも、「現時点においては」としたことは示唆的でした。加えて、その決定では、「生殖不能要件」は「意思に反して身体への侵襲を受けない自由を制約する面がある」、「本件規定の憲法適合性については不断の検討を要する」とも言及していました。これらは本件規定の憲法適合性について近くその違反性の判断が示されることを期待させるものでした。

最高裁大法廷の決定は、本件規定が憲法違反であるとの判断を導くに当たり、①生殖不能要件による制約、②生殖不能要件の規定の目的、③社会状況の変化、④医学的知見の進展、の4つの視点から論じた上で、最終的に「違憲」の判断に至ったものといえます。いずれの論点も重要な指摘がされていますが、私はとりわけ大きな影響を与えたのは「**社会状況の変化**」だと思っています。そこで改めてこの点について触れてみたいと思います。

脱病理化のながれ

公的な書類（日本では戸籍）に記録される性別を変更する際、生殖能力の喪失を求める要件は、以前は世界でも一般的でした。日本の「特例法」制定時もそうでした。しかし、同様の制度をもつ国で制度が見直され、現在では「生殖不能要件」が残る国は少数派になっています。現在、性別変更に「生殖不能要件」がない国は約40ヵ国、その要件が今もある国は少なくとも18ヵ国とされています（2023年10月26日付け朝日新聞記事）。

性別変更の手続は、1972年のスウェーデンなどが先駆けとなり、1970年代から1990年代に多くの国で整備されました。当時はほぼ全ての国で、不妊化を含む性別適合手術が必要とされていたようです。それが2000年代にはいると要件の緩和が始まります。日本では2003（平成15）年に性同一性障害者の性別の取扱いの特例に関する法律を制定しましたが、それ以前の諸外国の制度にならい、「生殖不能要件」を始め5つの要件を定めました。しかし、2004年のイギリス法や、2007年スペイン法では生殖不能要件を求めず、オランダでは2013年の法改正で生殖不能要件を廃止しました。2014年には、世界保健機関（WHO）が声明で、**不妊化手術の強制は人権侵害**として廃絶を求めました。国連の人権高等弁務官事務所の報告書も2015年、手術などの「虐待的な要件」を削除するよう勧告しました。

また、欧州人権裁判所も2017年、生殖不能要件は欧州人権条約違反と判断し、ニュージーランドやウルグアイ、台湾、香港などでも人権侵害性を認める判決が相次いだと言われています。２０１８年にＷＨＯが公表した国際疾病分類の改訂案では、**「性同一性障害」の概念が消え、「性別不合」**とされました。精神障害の分類から外れて脱病理化が図られ、性別の自己決定権を尊重する流れが決定的になりました（２０２３年10月26日付け朝日新聞）。

「外見要件」の問題性

ところで、特例法にはもう1つの問題となる要件規定があります。同法第３条1項5号、いわゆる「外観要件」です。この問題についても本件最高裁大法廷決定では、３人の裁判官が個別の反対意見を述べており、憲法違反と論じています。

なお、下級審の判断事例ですが、本件決定と同様の事案で性別変更の手術要件は「憲法違反」と判断した事例が出ています、２０２３年10月11日の静岡家庭裁判所浜松支部の家事審判です。最高裁大法廷決定を先取りしたような感じですが、「違憲」の論理などもほぼ同じ内容と言えるかと思います。いずれにしても今回の最高裁大法廷決定は「違憲」の判断とともに、それが人権救済に大きな役割を果たすものと思われます。国会はこの最高裁の違憲判決を受けて「生殖不能要件」を削除する必要がありますが、今のところ具体的な動きはみられません。

しかし、立法機関による法改正の措置の有無にかかわらず、違憲の判断のあった法文は司法機関で以後適用される可能性はありません。国会は「外観要件」の違憲判断の出るのを待っているのかも知れません。いずれにしても今回の違憲判決は、性別の変更の取扱いの特例に関する法律の適用を受ける人々にとっては朗報だったと思います。人権の保護に司法が動いたことに大きな喜びを感じます。

なお、報道によると、２０２４年2月7日、岡山家庭裁判所津山支部は、生殖機能をなくす手術を受けずに戸籍上の性別を女性から男性に変更する申立てに対し、「手術なし」での性別の変更を認めました。前記のとおり、２０２３年10月に最高裁判所が生殖不能要件が憲法違反と判断したことを受けての判決だと言われていますが、当然の結論かと思われます。

第13章　袴田事件を機縁として考える再審制度

1　出発点としての袴田事件

袴田事件を裁いた男

私は最近『袴田事件を裁いた男』（尾形誠規著・朝日新聞出版・2023年）を読みました。これは袴田事件の第一審を裁いた熊本典道判事の裁判官退職後の生涯を描いたドキュメンタリー作品です。

袴田事件は第一審が静岡地裁で行われました。本書の主人公である熊本元裁判官はこの静岡地裁での3人の裁判官による審理を担当した1人でした。第一審の判決に際し、3人の裁判官のうち熊本裁判官を除く2人の裁判官は有罪の心証を得ましたが、熊本裁判官は第一審の公判の途中から一貫して無罪の心証を持ち続けていたと言われています。このような刑事裁判実務では、3人の合議の場で他の裁判官と意見が割れて2対1となった場合には、多数決で判決が決まるようです。熊本裁判官は無罪を主張し、他の2人の裁判官は死刑を主張しました。つまり判決は死刑と結論されることになります。このような場合、判決は取決めにより、熊本裁判官が書くことになっていたようです。つまり、熊本裁判官は自分は本件について無罪の心証を得ながら、合議体の結論として死刑判決を書かねばならないことになりました。熊本裁判官の心の相克はどんなものだったでしょうか。

こういう事例はほかにもあります。しかし、私たちのように刑事裁判に明るくない者からみれば、なぜ「法と証拠に基づく裁判」でこのような結論の差異が出るのだろうかという疑問はごく自然に生まれます。評議が割れるということは、それだけ難しい事件だとも言えます。熊本裁判官は本件の判決後間もなく、責任を感じて裁判官の職を辞したそうです。

本章では冤罪とそれが起こる要因に焦点をあてて究極の人権侵害の根っこにあるものが何であるか、それを防ぐ手段はないのか、そして、不幸にして冤罪となった人の早期の救済のために刑事訴訟法の再審に関する法制度を改めるべきではないかという問題意識のもと書かれています。冤罪と再審について考えをめぐらしてみたいというのが本来の趣旨ですが、袴田さんの再審裁判は現に行われており、多くの人が再審の行方に注目しているので、最初にこの事件の経緯を紹介しておきたいと思います（以下の叙述は日本弁護士連合会の Web site（再審）の資料に拠っています）。

袴田事件とは

1966年6月30日午前2時、静岡県清水市（現静岡市清水区）の味噌製造会社専務宅が全焼する火事が発生しました、焼け跡からは、専務（41）の他、妻（38）、次女（17）、長男（14）の4人が刃物でめった刺しにされた遺体が発見されました。

警察は、当初から味噌工場の従業員であり元プロボクサーであった袴田巖氏を犯人であると決めつけて捜査を進めた上、8月18日袴田氏を逮捕しました。袴田氏は当初否認していましたが、警察や検察からの連日連夜の厳しい取り調べにより、勾留期間の満了する前に自白します。しかし、その後公判において否認しました。

警察は、逮捕後連日連夜、猛暑の中で取り調べを行い、便器を取調室に持ち込んでトイレにも行かせない状態にしておいて、袴田氏を自白に追い込みました。袴田氏は9月6日に自白し、9月9日に起訴されましたが、警察の取り調べは起訴後も続き、自白調書は45通にも及びました。なお、弁護人が袴田氏に会った時間は、この間合計で30分程度でした。

袴田氏の自白の内容は、日替わりで変わり、動機についても当初は専務の奥さんとの肉体関係があったためと述べていましたが、最終的には、金が欲しかったための強盗目的の犯行ということになっていました。

さらに当初の犯行着衣とされていたパジャマについても、公判の中で、静岡県警の行った鑑定があてにならず、実際には血痕が付着していたこと自体が疑わしいことが明らかになってきたところ、事件から1年2ヵ月も経過した後に新たな犯行着衣とされるものが工場の味噌樽の中から発見され、検察が自白とは全く異なる犯行着衣に主張を変更するという事態になりました。

第一審の静岡地裁は、自白調書のうち44通を無効としながら、1通の検察官調書のみを採用し、さらに、5点の衣類についても袴田氏の物であるとの判断をして、袴田氏に有罪を言い渡しました。この判決は、１９８０年11月19日、最高裁が上告棄却し、袴田氏の死刑が確定しました。

不自然な証拠たち

袴田氏の45通にのぼる自白調書は、その時点においての捜査状況を反映した捜査機関の思い込みがそのまま作文されたものです。その自白調書の内容をみるだけで、袴田氏が事件について何ら知識を有さず、無罪であることが如実に伝わってきます。これについては、『自白の心理学』で有名な浜田寿美男教授が細かく分析し指摘しているところです。

味噌樽から発見された5点の衣類は、ズボンには血痕の付着していない場所であるのにステテコには付着していたり、ステテコには血痕がついていないのにブリーフには付着したり（同様のことがシャツと下着にも言えます）など、犯行着衣と考えると非常に不自然な点が多数あります。また、1年2ヵ月以上も8トンもの味噌につかっていたと考えるには、シャツは依然白く、血液は鮮血色あり、非常に不自然です。これについては弁護団の実験で、1年2ヵ月も味噌につけられていれば、衣類は焦げ茶色に変色し、血液は黒色に変色することが明らかになっています。さらに、ズボンに至っては袴田氏には小さすぎて、着衣実験では、腿の辺りまでしか上がってきませんでした。

さらに、犯行着衣とされた5点の衣類に付着した血痕に関し、DNA鑑定により、袴田氏のものでも被害者のものでもないとされました。袴田氏が通ったとされる裏木戸には鍵がかかっており、人が通れる隙間はありませんでしたが、これについて捜査機関は、鍵をはずした上で通り抜け実験を行って裁判所に報告していました。すなわち、捜査機関は、袴田氏を有罪にするために虚偽の実験を行っていたのです。

袴田事件の現在

1981年4月20日に申し立てた袴田氏の第1次再審請求は、2008年3月24日、最高裁が特別抗告を棄却して終了しました。2008年4月25日、弁護団は、袴田氏の第2次再審請求を静岡地裁に申し立てました。弁護団は5点の衣類の味噌漬け実験の結果を新たな証拠の1つとして裁判所に提出し、定期的に三者協議を行ってきました。

検察は、2010年9月、本事件で初めて任意に証拠を開示し、弁護団は、その精査を行った上で、新たな証拠開示請求及び主張をしました。そして、2014年3月27日、静岡地裁は、袴田氏の第２次再審請求事件について、再審を開始し、死刑及び拘置の執行を停止する旨を決定し、同日、袴田氏は釈放されました。

しかし、検察官が即時抗告し、２０１８年６月11日、東京高裁は、再審開始の決定のみを取消し、弁護団が特別抗告しました。２０２０年12月22日、最高裁は、高裁決定を取消して差戻しました。

２０２３年３月13日、東京高裁は、２０１４年の静岡地裁の再審開始決定を支持し、検察官の即時抗告を棄却する決定をしました。そして、検察官が特別抗告をしなかったため、再審開始が確定しました。

その後、静岡地裁での打ち合わせが続き、検察官は有罪立証をすることとし、裁判のやり直しを行う再審公判が２０２３年に始まり、現在継続中となっています。

捜査機関への疑念

以上、袴田事件の概要と現状について日弁連の資料をお借りして読者の皆さんに紹介しました。お断りしておきますが、この中で触れられている事件の事実関係に関する記述は日弁連の責任で書かれているものなので、そのように理解していただきますようお願いします。真実はいずれ裁判所の判断で示されることになります。

ただこれらの事件の概要に接するだけでも捜査機関に対する数々の疑念は生じており、その中からいくつか挙げてみたいと思います。たとえば、取り調べの厳しさについてです。これは自白を得たいと思っている捜査機関が往々にしてやることであり、ひどいのになると被疑者が意識朦朧状態なるのを待ってその機会を利用して「自白」を得ようとします。しかし、そのような自白に真実性が込められている可能性は極めて低く、したがって、取り調べ時間や場所の制限を設けるべきでしょう。また、自白調書が45通もあるなどというのはそのこと自体、自白の真実性に疑問のあることを示すものといえます。真実は1つでありそれを行った人間が自白する内容は1つであるのが普通でしょう。これは自白調書の信頼性よりも捜査の違法性の存在を裏付けるものというべきです。見込み捜査の可能性もありそうです。元ボクサーでもありあいつならやりかねないという根拠のない予断をもって突っ走る可能性は大いにあります。さらに重大なことは、取り調べの間の弁護士との接見が極めて少ないことも問題だと思います。無実ならそのことを最も早く弁護士に告げて助力を求めるのは当然で、その機会すらも極端に制限する姿勢も理解不能です。この点などももっと法律で被疑者の権利保護のための方策が検討されるべきなのです。

刑事事件に疎い人間のつぶやきではありますが、刑事警察、検察にとって最も強調されるべきは「**無実の人を作らないこと**」のはずです。そのためには何が必要か、袴田氏の再審裁判の行方を注視しつつ、過去の再審事例などを見ながら学習してみたいと思います。

2　究極の人権侵害としての冤罪

冤罪と再審制度

冤罪とは、一般的には、刑事事件において犯罪を行っていないにもかかわらず、裁判で有罪の判決が確定した場合のことを指します。もちろん、判決が確定していなくても、有罪の判決が言い渡されたり、被疑者として取り調べられたり逮捕された際にも、冤罪であるということもあります。もっとも、冤罪という概念は法律上の概念としては存在していません。要するに、濡れ衣、身に覚えのない犯罪、無実の罪と理解すればよいと思います。犯罪を行っていないのに裁判で有罪の判決が確定し、後にそれが誤判だと明らかになる場合もあります。そのような場合に備えて**「再審制度」**があります。

裁判をやり直すことを再審と呼んでいます。この制度は日本だけでなく、諸外国にも存在しています。それではなぜ「再審制度」が必要なのでしょうか。そこを少し考えてみましょう。

刑事裁判では、被告人がその犯罪を行ったことを、検察官が証明しなければなりません。そして、検察官の立証によって、被告人が犯罪を行ったことが「合理的な疑いがない程度」に証明されたと裁判官が判断したときに、その被告人は有罪となります。逆に言えば、「合理的な疑いが残る」ときには、裁判官は無罪の判決を言い渡さなければなりません。

もっとも、検察官は、裁判に提出する証拠を選別できるので、裁判官はすべての証拠を見ているわけではありません。また、裁判官の判断も、人間の行うことなので時に間違いもあり得ます。

日本では、そうした間違いが起こることを前提に「三審制」といって、地方裁判所（または簡易裁判所、家庭裁判所）、高等裁判所、最高裁判所という3段階の裁判を受けられる制度を採用しています。

しかし、それでも、検察官が選別した限られた証拠の中で、裁判官という人間が判断するわけなので、「絶対に間違えない」とはいえません。現に死刑冤罪事件（免田事件、財田川事件、島田事件、松山事件）がありました。また、科学技術の進化でDNA型鑑定の精度が上がり、以前のDNA型鑑定で犯人とされた人が実はそうではなかったことが後から分かった事例（足利事件）や、犯人とされた人が有罪となった後に、真犯人が現れたことによって、その人が犯人でなかったことが明らかとなった事例もあります。

こうした**冤罪による処罰は、国家による究極の人権侵害**です。人間の判断の間違いを訂正し、冤罪被害者を救済するために、「裁判のやり直し」＝「再審制度」が存在します。しかし、現行の再審制度には問題があります。どのような問題があるかは改めて次の章で述べることにします。

第14章 6つの冤罪事件を読み解く

1　別件逮捕からはじまった「布川事件」

布川事件

　1967年8月30日、茨城県北相馬郡利根町布川で、1人暮らしの62歳の男性が死体で発見されました。布川というのは事件が起きた地名で、そこから「布川事件」と呼ばれています。この事件は後に再審請求がされ、誤った裁判がされた事件であることを象徴するものとして有名になりました。

　被害者の死体の両足はタオルとワイシャツで縛られ、首はパンツが巻き付けられ、口の中にはパンツが押し込まれている状態でした。室内は荒らされ、小銭が落ちていて、死体が発見された6畳間の床は、床板、根太掛《ねたがけ》が折れて大きく落ち込んでいました。室内の2枚のガラス戸は外され、一部のガラスは割れていました。被害者の死体解剖の結果、8月28日夜から29日早朝が犯行日時と推定され、県警の捜査本部が置かれて大々的に捜査が進められました。

しかしながら、捜査は難航し、死体発見から40日以上たった10月10日に櫻井昌司さんが、10月16日に杉山卓男さんがいずれも別容疑で逮捕されました（別件逮捕）。櫻井さんの別件の取り調べは早々に終了し、10月12日ころから警察により強盗殺人事件の取り調べが続きました。櫻井さんは強盗殺人に対しては否認していましたが、取調官から、「被害者宅前でお前を見たという人がいる。お袋もやってしまったことは仕方ないと言っているが、ポリグラフ検査で陽性反応が出た」などと虚偽の事実を告げられ、10月15日に自白してしまいました。杉山さんも逮捕当初強盗殺人を否認していましたが、取調官から、「櫻井さんが杉山さんと一緒にやったと泣いて謝っている」などと言われ、10月17日に自白をしてしまい、2人の多数の自白調書が作成されました。

その後、2人は警察の留置場から拘置支所（刑事裁判が確定していない人が収容される施設）に移され、担当の検察官は、11月13日、強盗殺人については処分を保留して釈放しました。

しかし、その後、担当の検察官が交替し、2人は12月1日に再び警察署の留置場（代用監獄）に身体が移され、再び警察において強盗殺人の取り調べを受けることになりました。2人は当初否認したものの、再度自白に追い込まれました。12月中旬ころからは、検察官による取り調べが始まり、2人は当初犯行を否認したのですが、数日後に自白してしまいました。警察による取り調べでは、櫻井さんは、「否認していると死刑になる」と言われ、担当の検察官からは、「救いようがない」、「極刑もあり得る」という脅し文句を突き付けられていたのです。2人は12月28日に強盗殺人罪で起訴されてしまいました。

第一審の水戸地方裁判所土浦支部での裁判は1966年2月15日から始まりました。2人は強盗殺人については一貫して否認を続けました。裁判では、死体が発見された当日に2人を最寄りの駅や被害者宅への路上や被害者宅前で目撃したという複数の証人の尋問がなされ、2人の自白調書も証拠として取り調べがなされました。2人と犯行を結びつける物的な証拠は一切ありませんでした。

裁判所は、2人と犯行を結び付ける物的証拠は一切ないものの、2人は詳しい自白をしているし、現場につながるいくつかの場所で犯行日時と推定された8月28日に2人を見た人が多数いるとして、2人を有罪にしました。2人は控訴しましたが、棄却され、最高裁判所に上告しました。しかし、最高裁判所は長文の決定を出し、自白がなくても目撃証人らの証言などの情況証拠があるので十分に有罪と認定できるとの理由を付して棄却したのです。

逮捕から無罪まで44年

刑務所に服役中の1983年、2人は裁判のやり直し、再審の請求をしましたが、9年の歳月がかかったものの認められませんでした。1996年11月仮釈放になって社会に戻った2人は、諦めることなく弁護団とともに再審請求の準備を始め、2001年2月に2回目の再審請求をしました。

再審請求の手続では、①確定判決が摘示した被害者の死因は「扼殺」ではなく、「絞殺」である、②2人を見たという多数の目撃証言は、目撃した日時を間違っていた、③夜間に2人を見たという証言については、実験をすると正確には視認できない、④指紋が発見されないのは2人が現場にいなかったことを示す、⑤櫻井さんが獄中で綴っていた日記からは警察官や検察官の違法な取り調べがなされたことが強くうかがえ、無実の者しか書けない内容に満ち溢れているなど多くの疑問が指摘され、これを支える多数の新証拠が提出されました。医学鑑定に関する証人尋問をはじめとして複数の証人の尋問も行われ、2005年5月、水戸地方裁判所土浦支部は裁判のやり直し、再審開始を決定しました。これを不服として検察官は即時抗告しましたが、東京高等裁判所はさらに事実調べを行い、2008年7月、検察官の不服申立てを退けました。これに対して検察官は最高裁判所に特別抗告まで行いましたが、2009年12月、最高裁判所も検察官の不服申立てを退け、再審の開始が確定しました。

弁護団は、再審請求手続において、検察官が手元に保有する未開示の証拠を開示するよう繰り返し要請し、検察官が開示した証拠のうち無罪をうかがわせる証拠を新証拠として出し続けました。その中には、櫻井さんに対する取り調べを録音したテープもありましたが、分析すると、捜査官が録音を止めたり、テープを戻したりして取り調べ内容を操作していることが分かりました。証拠開示がなされたことで、検察官が隠し持っていた無罪方向の証拠が明らかにされたのです。

２０１０年7月からやり直し裁判、再審公判手続が始まり、合計7回の公判が行われました。ここでも弁護団は、検察官に対してまだ開示していない証拠を開示するよう求め、開示された無罪を示す証拠を提出しました。再審公判では、事件当時杉山さんを被害者宅前で目撃したという証人の尋問がされましたが、杉山さんだとは特定されませんでした。また2人に対する被告人質問がされ、2人は警察や検察における取り調べの状況を詳しく供述し、違法捜査がなされていたことが赤裸々に語られました。2人が取り調べの状況を、長い期間にわたり、何度も反芻しつつ記憶を紡いできたことが強くうかがえます。

判決では、櫻井さん、杉山さんら2人の犯人性は、これを推認させる情況証拠は何ら存在しないこと、他方、自白の任意性には疑義があること、信用性については否定されること、捜査官の違法な取り調べがされたこと、捜査官は偽証をしていたこと、再審請求審で開示された櫻井さんに対する取り調べの様子を録音したテープは、各種の細工がされていたことなどが指摘され、2人は強盗殺人の犯人ではないとして無罪となりました。

2人が逮捕されてから実に44年の年月が経過して、2人が一貫して叫び続けていたことがやっと認められて汚名をそそぐことができたのです。警察や検察が違法な捜査を続け、検察官が不十分な証拠に基づき無理やり起訴し、公判では警察官が偽証まで繰り返していましたが、再審公判ではそうした多くの違法行為が明らかにされました。

以上のとおり、再審開始決定は検察官が不服申立てをしたことによって、4年以上時間が余計にかかりました。また、検察官が隠し持っていた未開示の記録が開示されたことにより、無罪の方向を示す証拠が、実は多数存在していたことが明らかになり、検察官の不正な対応が明るみに出たことも指摘できます。再審開始決定に対する検察官の不服申立てを禁止すること、検察官手持ちの未開示証拠が開示されることは勿論のこと、70年以上も改正されることがない不備だらけの再審請求手続が全般的に改正され、適正化が図られることが重要と考えられます。再審法の世界に、「法の支配」の原則を確立させないといけません。

2 「松橋事件」における不十分な証拠開示

松橋事件

1985年1月8日の朝、熊本県松橋町《まつばせ》（現在の宇城市）で、1人暮らをしていた59歳の男性が自宅で亡くなっているのが発見されました。遺体には多数の刺し傷があり、死因は失血死でした。

被害者の遺体は、発見時には死後2～4日間が経過していると推定されました。殺人事件として捜査を開始した警察は、遺体発見の3日前の1月5日夜に、被害者の家で開かれていた酒宴の際に被害者と言い争いをしていた宮田浩喜さんに目をつけ、1月8日夜、警察署に呼び出しました。そして、その後12日間にわたり、警察は宮田さんを呼び出し連日長時間の取り調べを行いました。宮田さんは、1月19日までは犯行を否認していましたが、1月20日、自宅を訪れた警察官らにやってもいない罪を認める「自白」をし、逮捕されてしまいました。その際、宮田さんは、「切出小刀を使って被害者を殺した」と話し、捜査機関に自分が持っていた切出小刀を提出したそうです。

捜査機関はその後「切出小刀」を調べましたが、その「切出小刀」には血液が一切付着していませんでした。捜査機関は、その理由を説明するため、2月5日、宮田さんに、「何年か前まで着ていた赤と茶のネルシャツの左袖を切出小刀に巻き付けて刺した」と自白させました。これは、宮田さんが最初に自白させられた1月20日には出てきていなかった話でした。

そして、その翌日の2月6日、捜査機関は、宮田さんの家から発見された、左袖部分を除いたチェック柄のシャツの布切れ4枚を宮田さんに見せ、「このシャツの左袖を切り開いて使った。巻き付けた左袖は犯行後に燃やした」と自白させたのです。

この自白をもとに、宮田さんは、2月10日に起訴され、裁判にかけられることになりました。宮田さんは、裁判の途中から無罪を訴えましたが、熊本地方裁判所は宮田さんに懲役13年の判決を言い渡し、この判決は1990年に最高裁判所で確定し、宮田さんは長期間服役することになってしまいました。

不十分な証拠開示

この事件で、宮田さんが犯人であることを直接示す証拠は、宮田さんの「自白」だけでした。裁判のやり直しのための準備をしていた弁護士は、1997年、まだ開示していない証拠を見せるよう検察官に求めました。そして、弁護士が開示された証拠物を確認したところ、その中に、シャツの布切れが「4枚」ではなく「5枚」あることがわかりました。しかも、その「5枚」の布切れを並べてみると、なんと、完全な1枚のシャツが復元されたのです。宮田さんが「燃やした」と自白させられていたシャツの左袖部分も、捜査機関はずっと持っていたのです。さらに、「切出し小刀に巻き付けて刺した」とされたそのシャツの左袖部分からは、血液が検出されていなかったこともわかりました。シャツの左袖は、犯行に使われてもいなかったし、その後に燃やされてもいなかったのです。

そのシャツの左袖部分は、宮田さんが起訴された4日後の1985年2月14日に宮田さんの家から発見されて捜査機関の手に渡り、その日のうちに血液の有無について調べる手続が行われていました、そして、14日後の2月28日には「血液の付着を証明し得ない」の鑑定書が作られていました。しかし、捜査機関は、そのことを全て把握しておきながら、「燃やした」とされたシャツの左袖部分が見つかったことも、その部分に血液が付着していなかったことを示す鑑定書も、当初の裁判では提出しませんでした。

捜査機関が弁護士側に開示してこなかったシャツの左袖部分が発見されたことで、宮田さんが虚偽の自白をさせられた可能性が濃厚となり、２０１６年６月３日、熊本地方裁判所は、裁判のやり直しを認めました。

しかし、検察官は、この判断を不服として、福岡高等裁判所に「即時抗告」をしたそうです。２０１７年11月29日、福岡高等裁判所は検察官の「即時抗告」を退け、裁判のやり直しを支持しましたが、これに対して検察官は、さらに、最高裁判所に「特別抗告」まで行いました。

２０１８年10月10日、最高裁判所は検察官の「特別抗告」を棄却し、ようやく宮田さんの裁判のやり直しが確定しました。その後の２０１９年２月、宮田さんに対するやり直しの裁判が行われ、熊本地方裁判所は、２０１９年３月28日、宮田さんに無罪判決を言い渡しました。事件が起き、宮田さんが犯人として逮捕されてから、34年以上も経ってのことでした。

無罪が確定した翌年の２０２０年10月29日、宮田さんは87歳で亡くなりました。宮田さんのことをずっと支え、裁判のやり直しの手続にも協力していた宮田さんの長男は、２０１７年９月、父親の汚名がそそがれる様子を見ることも叶わず、病気で亡くなりました。

シャツの左袖部分が見つかり鑑定書が作成された１９８５年２月の段階で、捜査機関が証拠を隠すことなく弁護士と裁判所に開示していれば、そもそも、その後有罪判決が言い渡され、宮田さんが長期間服役することにはならなかったかも知れません。宮田さんが、34年以上もの間、殺人犯の汚名を着せられて苦しむ必要はなかったのです。

また、裁判のやり直しを認めた２０１６年６月30日の熊本地方裁判所の判断に対し、検察官が「即時抗告」や「特別抗告」といった不服申立てを行わなければ、宮田さんの長男のご存命の間に、宮田さんに対して無罪判決が言い渡されていたことでしょう。しかも、「即時抗告」や「特別抗告」の手続が行われていた間に、宮田さん自身の認知症も進んでしまいました。検察官の不服申立てが禁止されていれば、宮田さんは、人生の最晩年の約3年間を、殺人犯の汚名を着せられたまま過ごさなくてもすんだはずです。**証拠開示の法制化、検察官の不服申立ての禁止**は、一刻も早く実現されるべきです。

3　再審が開始されない「大崎事件」

大崎事件

1979年10月15日、鹿児島の大隅半島にある大崎町という小さな集落で、当時42歳の男性の遺体が発見されました。事件が起きた町にちなんで「大崎事件」と呼ばれています。遺体は、牛小屋のなかで、堆肥に埋められた状態で発見され、何者かによる「死体遺棄事件」であることは明らかでした。ただ、死体遺棄事件であっても、殺人事件であるとは限りません。「殺していなくても死体を隠す」ことは、あり得るからです。しかし、鹿児島県警志布志警察署は、最初から「近親者による殺人事件」という見立てのもとに捜査を始めます。これが大崎事件の悲劇のはじまりでした。

亡くなったのは、この町に住む四郎（仮名）さん。四郎さんは兄弟がいて、長男の一郎（仮名）さん、次男の二郎（仮名）さんが近所に住んでいました。一郎さんの妻が、原口アヤ子さんでした。四郎さんは酒癖が悪く、飲んだ先で迷惑をかけたり、酔いつぶれて道路に寝たりすることもありました。そのたびに親族が四郎さんを迎えに行き、連れて帰っていました。

四郎さんが遺体で発見される3日前、親族の結婚式がありましたが、その日も四郎さんは、朝から酒に酔って荒れていたので、兄弟たちは四郎さんを結婚式に連れて行きませんでした。四郎さんは、午後3時ごろ、近所の商店を訪れて焼酎を買い、午後5時半ごろも再び同じ店に焼酎を買いに行きました。午後5時半をすぎたころ、四郎さんが自転車ごと道路の側溝に落ちているのを通行人が発見し、道路脇に引き上げます。側溝の深さは80センチほどありました。夜8時半ごろ、連絡を受けて現場に迎えに行ったのは、四郎さんの近所に住むIさんとTさんでした。そのとき、四郎さんが着ていたシャツはずぶ濡れで、下半身は裸の状態でした。

当時の大崎町の気温は18℃以下、四郎さんはこの状態で3時間以上、道路脇に寝かされていたことになります。のちの解剖で、四郎さんの口のなかに、側溝に転落したときのものと見られる土が残っていました。口もきけず、自分で立つこともできない四郎さんを、IさんとTさんは軽トラックの荷台に乗せ、夜9時ころに四郎さんの自宅へ送り届けました。その翌々日、四郎さんは遺体となって牛小屋で発見されたのです。

警察は、「面識のある者、あるいは、近親者による殺人事件」という見立てのもと、遺体発見の翌日には二郎さん、その翌日には一郎さんの取り調べをしました。そしてその翌日、2人は四郎さんの殺害を自供して、逮捕されました。このとき警察は、アヤ子さんが、四郎さんに生命保険を掛けていたことに着目します。「身内の者による保険金目的の殺人事件」というストーリーを描き、死体遺棄を手伝ったとして二郎さんの息子である太郎（仮名）さんも逮捕、最後に、事件の主犯格としてアヤ子さんを逮捕します。四郎さんの遺体を解剖した医師は、死因を窒息死と推定し、他殺ではないかと鑑定しました。そして、一郎さんと二郎さんは、これに合わせるように、四郎さんの首をタオルで絞めて殺したと自白してしまいました。

アヤ子さんだけが一貫して事件への関与を否定していましたが、１９８０年3月、鹿児島地方裁判所は、共犯者とされた３人（一郎さんと二郎さんは殺人と死体遺棄の共犯、この2人に加えて太郎さんは死体遺棄の共犯）の自白、そして、それに沿う法医学鑑定などを根拠に、アヤ子さんに対して殺人と死体遺棄の罪で懲役10年の有罪判決を言い渡しました。じつは、犯行を自白した3人には共通点がありました。知的障害のある「供述弱者」だったのです。

供述弱者

「**供述弱者**」とは、取り調べや裁判などの場面で自分を防御する能力が低い人のことを言います。難しい言葉を理解する能力や、自分の記憶や気持ちをうまく表現する能力が低いために、取調官の誘導に乗りやすいという特徴があります。一般的には、子どもや外国人、そして知的障害のある人たちが供述弱者に当たると言われています。知的障害のある人は、取調官の言うことがよく理解できません。取調官は何度も何度も同じ質問することになります。「なぜそうなるんだ」、「さっきと違うじゃないか」、「もう1回言ってみろ」そんなふうに言われ続けると、知的障害のある人は「怒られている」と感じます。「怖い」、「これ以上怒られたくない」、そういう心境から、よく理解できないまま、とりあえず取調官の言うことに「イエス」と言ってしまいます。期待どおりの答えを引き出せた取調官は、突然優しくなります。知的障害のある人は、イエスと言っておけば優しくしてもらえると感じ、取調官が描くストーリーに迎合した供述をしてしまうのです。

最近では、供述弱者に対する取り調べは録音録画されるようになってきました。冤罪を防ぐために取り調べの状況をあとから検証できるようにしているのです。しかし今から40年以上前、大崎事件が起こった当時は、こうした配慮は全くありませんでした。一郎さん、二郎さん、太郎さんも、それぞれ懲役刑が確定して服役しました。しかしその後、3人とも「本当は事件に関与していない」と言うようになります。

さらに、四郎さんの死因を鑑定した医師が、四郎さんが自転車ごと側溝に転落した事実を聞かされずに鑑定をしたとして、「死因は窒息死とする自らの鑑定は間違いだった、他殺か事故死かわからない」と証言します。

開始されない再審

アヤ子さんは、服役してからも、そして出所してからも、自分はやっていないと訴え続けました。事件から23年経った２００２年2月、鹿児島地方裁判所は、アヤ子さんの裁判をやり直し、「再審開始」を決定しました。

しかし、これに対し、検察官は高裁に即時抗告（不服申立て）した結果、福岡高等裁判所宮崎支部は、２００４年12月に再審開始決定を取り消してしまいました。それでもアヤ子さんはあきらめず、２０１７年６月、３度目の再審請求で再び鹿児島地方裁判所がアヤ子さんの再審開始を決定します。またも検察官は即時抗告しましたが、今度は福岡高等裁判所宮崎支部も再審開始を支持しました。事件から40年、アヤ子さんは92歳になっていました。やっとアヤ子さんに、無罪が言い渡される。誰もがそう信じていました。

ところが、検察官がさらに最高裁判所に不服申立て（特別抗告）し、２０１３年、最高裁判所は、アヤ子さんの再審開始を取り消したのです。裁判のやり直しが認められるためには、高いハードルがあり、「開かずの扉」と呼ばれてきました。鹿児島地方裁判所、福岡高等裁判所宮崎支部が、延べ３度開けたその扉を、最高裁判所が閉じてしまったのです。

アヤ子さんの弁護団は、四郎さんは転落事故のときに致命的な傷害を負い、ＩさんとＴさんに自宅に連れてこられたときには、すでに亡くなっていたとする医学鑑定を新しい証拠として、２０２０年６月、鹿児島地方裁判所に４度目の再審請求を申立てました。しかし、２０２２年

6月、鹿児島地方裁判所は再審請求を棄却し、これを誤りだとしてアヤ子さんが申立てた即時抗告も、2023年6月、福岡高等裁判所宮崎支部がこれを棄却し、再審を認めませんでした。現在も、最高裁判所で争われています。

このように、裁判所が延べ3回も再審開始を決めたのに、その都度検察官が抗告をしたため、いまだに再審が開始しません。これほど抗告の問題性が明らかになった事件は、大崎事件しかありません。ちなみにアヤ子さんは現在96歳になっておられます。

4 無念の獄中死を遂げた「滋賀県日野町事件」

滋賀県日野町事件

1984年12月29日朝、滋賀県蒲生郡日野町内の酒店店主の女性が行方不明になりました。自宅兼酒店の内部に争った形跡はなく、被害者と同居していた親族の女性も異変に気付くこともなく、被害者が「わしを置いて出て行った」などと述べていました。

翌1985年1月18日、同町内の造成地で被害者の遺体が発見され、同年4月28日、同町内の山林内で被害者所有の手提げ金庫が発見されました。これが、日野町事件について「間違いなく分かっていること」の全てです。遺体の状況から、被害者が殺害されたことは明らかでしたが、犯人が誰であるかという以前に、いつ、どこで殺害行為が行われたのか、全くわからない状況でした。

警察は、1985年9月17日に、店内から検出された指紋が一致したことなどから、酒店の常連客であった阪原弘さんに任意同行を求めました。しかし、この時は、阪原さんは関与を否認し、同時に事情聴取された阪原さんの妻が、被害者が行方不明になった前の晩、阪原さんは知人方での酒宴に参加して泊まってきたとのアリバイを説明し、阪原さんは帰宅することができました。ところが、警察は、1988年3月9日に再度阪原さんを呼び出して、強圧的な取り調べを続けて自白させ、3月12日に阪原さんを逮捕しました。その後も多数の自白調書が作成されたほか、阪原さんが金庫発見現場や遺体発見現場に捜査員を案内したとされる引当捜査の調書が作成され、検察官は、4月2日に阪原さんを強盗殺人罪で起訴しました。

阪原さんは、第1回公判からは一貫して無実を訴えましたが、第一審（大津地方裁判所）は、1995年6月30日、有罪（無期懲役）の判決を言渡しました。ただ、同判決は、阪原さんの自白（自白調書）については、内容の変遷や不自然な点、他の証拠と矛盾する点があり「その内容に従った事実認定ができるほど信用性が高いとはいえない」、つまり自白を有罪認定の根拠とすることはできないとしています。そうであるならば、通常は有罪認定ができないことになるはずですが、裁判所は、自白以外の証拠から認められる間接事実を根拠として、阪原さんが犯人と認めることができるとしたのです。この間接事実には、店内で指紋が発見されたことや、被害者の失踪前頃に被害者方近くで阪原さんを見かけたという証言など、阪原さんが被害者方酒店に出入りする常連客であり、近所に住んでいたことから考えれば、犯人と断定する根拠としては疑問のあるものばかりでした。

また、阪原さんのアリバイ（知人宅での酒宴への参加）について、知人らが否定するような証言をしたため、第一審判決は、阪原さんが「虚偽のアリバイ主張に固執」したことも間接事実だとしました。しかし、本来、期待した証言が得られずアリバイの証明が成功しなかったことと、「虚偽アリバイの主張」をしたことは、全く異なります。仮に、第一審判決の言うとおりならば、阪原さんは「最初から否定されることが分かっている架空のアリバイ」に固執したことになりますが、そのようなことをする真犯人がいるのかも疑問です。

控訴審（大阪高等裁判所）も、1997年5月30日、控訴を棄却し有罪の結論を維持しましたが、有罪とする根拠は第一審判決とはまったく異なりました。控訴審判決は、第一審判決が有罪の根拠とした間接事実は「それだけでは犯人と認める根拠とならない」とする一方、第一審判決が信用性が高いとはいえない」とした自白には、「基本的根幹部分は十分信用することができる」ため自白と間接事実を併せれば有罪認定ができる、と判断したのです。このように、第一審判決は「自白は有罪の根拠とできない」が「間接事実だけで有罪と判断できる」、控訴審判決は「間接事実だけでは有罪と判断することができない」が「基本的根幹部分は信用できる自白」と併せれば有罪と判断できる、として、証拠の評価がまったく逆となっていることが、日野町事件の大きな特徴であり、有罪判断の根拠の薄さを示しています。

控訴審判決に対して阪原さんは上告しましたが、最高裁判所は２０００年９月27日に上告棄却の決定をし、有罪判決は確定しました。

遺族が続ける再審

阪原さんは、無期懲役囚として服役することになりましたが、２００１年11月14日、大津地裁に第１次再審請求を行いました。第１次再審請求では、被害者失踪の前に阪原さんが知人方に泊まっていたことを知人が改めて証言したことや、自白内容どおりの殺害方法と被害者遺体の損傷状況が矛盾することを明らかにする法医学鑑定、自白内容どおりの手提金庫の破壊方法と、実際の手提金庫に残された工具痕が矛盾することを明かにする工学鑑定など、数多くの新証拠が提出されました。第１次再審請求審の決定（２００６年３月27日）は、これら新証拠に基づき、自白が客観的に事実と整合しないことを何カ所にもわたって認めながら、その原因を「事件から３年以上経って逮捕された阪原さんの記憶が正確ではなかった可能性」にあるとした上で、自白の「少なくとも核心部分」は信用できるとして、再審請求を棄却しました。同決定の「少なくとも核心部分」とはどの部分を指すのか、必ずしも明確ではないのですが、「やりました」と言っている以上は具体的な中身が間違っていても有罪として問題はない、というにも等しい決定でした。

第1次再審請求棄却決定に対して、阪原さんは大阪高等裁判所に即時抗告しましたが、即時抗告審の審理中であった2011年3月18日、阪原さんは無期懲役囚のまま亡くなられ、第1次再審請求は、最終的な結論を見ることなく、手続が終了しました。

阪原さんの遺族は、2012年3月30日に第2次再審請求を行いました。第2次再審請求審の冒頭、弁護団は、捜査の過程に関する疑問を明らかにするため証拠開示請求を行いました。裁判長は当初、必ずしも証拠開示に積極的な姿勢とは言えませんでしたが、取り調べの経過や引当捜査に関する証拠（引当捜査の際に撮影された写真のネガなど）については、検察官に提出を求めました。弁護団が開示された写真ネガを精査したところ、金庫発見現場の引当捜査の状況を記録した実況見分調書の写真は、順番が入れ替えられており、実際に金庫発見地点に捜査員を案内してたどり着くまでの写真ではなく、捜査員が最初から場所を知っている金庫発見地点から引当出発地点に戻る間に撮影した写真を「捜査員を案内している状況」として貼り付けられていたことが判明しました。

確定判決では、阪原さんが金庫発見現場を案内できたという事実が有罪の根拠として重視されていましたが、その根拠が、開示されたネガによって大きく揺らいだのです。これが大きな原動力となり、第2次再審請求審では、さらに証拠開示が進むことになり、引当を担当した当時の警察官や、自白による殺害方法と遺体の損傷状況の矛盾を明らかにする法医学者の証人尋問などを経て、2018年7月11日に再審開始決定に至りました。

これに対して検察官は、即時抗告の申立てをしましたが、大阪高等裁判所は、2022年2月27日に検察の即時抗告を棄却し、再審開始の結論を維持しました。これに対して、検察官はさらに特別抗告申立てを行ったため、現在は最高裁判所第2小法廷において審理中です。

5　DNA鑑定で明らかになった「東京電力女性社員殺害事件」

東京電力女性社員殺害事件

1997年3月19日、東京都渋谷区にあるアパートの1階（本件現場）で東京電力に勤務していた30代の女性社員が死体で発見されました。被害者は以前から、勤務終了後に後に東京都渋谷区円山町界隈で深夜まで売春をするという生活を続けていました。ところが、被害者は、同年3月6日に自宅を出た後、同日深夜に本件現場付近で目撃されたのを最後に行方が分からなくなってしまったのです。

司法解剖の結果、被害者の死因は頸部圧迫による窒息死と推定され、また、膣内には精子の存在が確認されました。さらに、被害者の所持品を確認したところ、被害者が財布の中に入れていたと思われる4万円がなくなっていたそうです。したがって、被害者は、同年3月6日の深夜に本件現場で殺害されて、その際、犯人が少なくとも現金4万円を奪い去ったものと考えられました。

この事件の犯人とされたゴビンダ・プラサド・マイナリさんは、ネパール国籍の外国人であり、在留期限を過ぎて不法残留となった後も千葉市内のインド料理店で働いていました。被害者の死体が発見された1997年3月19日、マイナリさんは、勤務先から自宅のアパートに帰宅したところで、警察官から事情聴取を受けました。その後、マイナリさんは、同年3月25日に出入国管理及び難民認定法違反（不法残留）の容疑で逮捕されました。

ところが、マイナリさんは、不法残留容疑で逮捕された直後から、殺人事件についても厳しい追及を受け、それは不法残留の件の起訴後も続きました。マイナリさんは、殺人事件への関与を一貫して否定していましたが、同年5月20日に被害者に対する強盗殺人の容疑で再逮捕され、同年6月10日には強盗殺人罪で起訴されました。

真犯人のDNA

2000年4月14日、第一審（東京地方裁判所）の判決が言い渡されました、判決は、現場の便器に残されていたコンドーム内の精液や、現場から発見された陰毛がマイナリさんのものであることなどから、マイナリさんが犯人である疑いがあると指摘しました。ただ、その一方で、それは事件発生日とは別の機会に被害者と性交した時のものである可能性を否定できないとも述べました。さらに、マイナリさんを犯人とするには合理的に説明できない4つの疑問点があるとも指摘し、その上で、「疑わしきは被告人の利益に」との刑事裁判の鉄則に従い無罪判決を言渡しました。これに伴い、マイナリさんは勾留を解かれ、そのままネパールに強制送還される予定でした。ところが、検察官は、無罪判決に対して、事実誤認を理由に控訴するとともに、マイナリさんを再び勾留するよう裁判所に請求しました。そして、控訴審（東京高等裁判所）は、第一審で無罪判決が言い渡されたにもかかわらず、実質審理の開始前である同年5月8日、マイナリさんを再び勾留したのです。

その後、控訴審（東京高等裁判所）は、同年12月22日、解明できない事実があることを認めつつ、7つの間接事実を総合すれば、マイナリさんが犯人であると認められると判断し、マイナリさんに無期懲役の有罪判決を言い渡しました。これに対し、マイナリさんは最高裁判所に上告しましたが、2003年10月20日、上告が棄却され、マイナリさんに対する有罪判決が確定しました。

その後、マイナリさんは、2005年3月24日、東京高等裁判所に裁判のやり直し、再審裁判の申立てを行いました。2009年11月以降、定期的に裁判官・検察官・弁護人による裁判の進行についての協議が開催されるようになりました。その中で、弁護団が繰り返し証拠開示、とりわけ現場に残された客観的な痕跡に関する証拠の開示を求めたところ、裁判所の積極的な訴訟指揮もあって、現場に残された陰毛などや被害者の膣内に残っていた精液が存在することが明らかとなりました。

そこで弁護団がこれらの証拠物についてＤＮＡ鑑定を実施するよう求めたところ、裁判所の強い要請により、検察官が依頼してＤＮＡ型鑑定を実施することになりました。その結果、被害者の膣内に残っていた精液や、本件現場に残された陰毛から、マイナリさん以外の男性（Ｘ）のＤＮＡ型が検出されたのです。このことは、Ｘが事件当日、現場において被害者と性交し、その後、犯行に及んだ疑いが強いことを示しています。

さらにその後、検察官から新たに証拠の開示がされたのですが、その内容は驚くべきものでした。被害者の唇や乳房に付着していた唾液の血液型はＯ型だったのです。マイナリさんの血液型はＢ型で、Ｘの血液型はＯ型です。このように、マイナリさんが無実であることを示す証拠が再審段階まで隠されていたのです。

このような審理の結果を踏まえ、２０１２年6月7日、東京高等裁判所は、再審開始を認めた。これに対しては、検察官から不服申立て（即時抗告に代わる異議申立て）が行われましたが、同年7月31日には検察官の異議申立ても棄却されました。その後、やり直しの裁判、再審公判が開かれ、同年11月7日の再審公判期日で、第一審の無罪判決に対する検察官の控訴を棄却する判決が言い渡され、ようやく無罪判決が確定しました。

この事件では、再審請求の段階で、弁護士に開示されていない重要な証拠を捜査機関が保管していたことが明らかとなり、その証拠のＤＮＡ型鑑定を実施したことが再審開始の決め手になっています。現在の法律では、弁護士が捜査機関の保管する証拠の開示を請求したり、その証拠についてDNA型鑑定を実施することを請求したりする権利は保障されておらず、このようなことが実現したのは、たまたま熱意のある裁判官に当たったからにすぎません。

その意味で、この事件は運がよかったといえますが、正義の実現が運に左右される状況は放置しておくことはできません。冤罪被害者の速やかな救済のためには、必要な証拠が開示されるよう、**再審請求手続における証拠開示の制度化**は不可欠です。

6　冤罪の背景を再審事件から学ぶ

疑わしきは被告人の利益に

以上、袴田事件を加えて合計7件の冤罪あるいは冤罪の疑われる事件について、日本弁護士連合会作成の資料を参考にして紹介しました。

私が大学で刑事訴訟法の講義を受けたのはもう今から60年以上も前になります。気鋭の弁護士が講師として担当されていましたが、その迫力ある講義ぶりが忘れられません。今も鮮明に残っているのは、刑事訴訟法の目的に関する講義でした。刑事訴訟の目的は「**実体的真実の発見にあり**」ということを、民事訴訟と比較しながら丁寧にかつ詳細に教えていただいたことを記憶しています。過去に何が行われたのか、誰がそれを行ったのか、ということを「法と証拠」に基づいて疑念なきところまで追い求めるのが刑事訴訟の目的であり、いささかでも疑いがあればそれは被告人の利益として処理しなければなりません。

無実の人間を作ってはならない、ということを意味する法格言も沢山あります。「10人の真犯人を逃したとしても、1人の無辜を罰するなかれ」「生命は尊貴であり、1人の生命は全地球よりも重い」「疑わしきは被告人の利益に」などなど。これらは全て近代刑事司法の大原則とされているものです。

刑事司法の基本法である刑事訴訟法はその第1条に「**この法律は、刑事事件につき、公共の福祉の維持と個人の基本的人権の保障とを全うしつつ、事案の真相を明らかにし、刑罰法令を適正かつ迅速に適用実現することを目的とする。**」としています。いわゆる冤罪事件がこの刑事訴訟法の規定に相反するものであることは明らかといわなければなりません。捜査関係者が常に頭の中心に置いておかなければならない法文であることを自覚する必要があります。

さて、それではそのような冤罪の素因となるものはなんでしょうか。先に紹介した冤罪事件の内容をも参考にしながら考えてみたいと思います。

自白の強要と誘導

冤罪事件の多くにおいて、捜査官による「自白の強要」があります。しかも、その際には自白を引きだすために過酷な取り調べが連動します。「人間は弱いもの」です。自分を援護する者が誰もいない捜査官署で連日にわたり厳しい取り調べが継続されると、そうした状態から逃げ出したくなってきます。弁護人が取り調べに立ち会うことも認められていません。そうしますと、厳しい捜査から逃れることを考えます。そして、ついつい「やりました」と虚偽の自白に至るケースはかなりあるものと見るべきです。もちろん自らの意思で虚偽の自白をする場合もあり得ます。しかし、それが「虚偽」である事実は消えません。私たちは「自白」に関する憲法の規定にも留意する必要があります。憲法第38条には以下のような規定があります。

憲法第38条
第1項「何人も、自己に不利益な供述を強要されない。」
第2項「強制、拷問若しくは脅迫による自白又は不当に長く抑留若しくは拘禁された後の自白は、これを証拠とすることができない。」
第3項「何人も、自己に不利益な唯一の証拠が本人の自白である場合には、有罪とされ、又は刑罰を科せられない。」

そして、この規定を受けての刑事訴訟法第３１９条です。

刑事訴訟法第319条
第1項「強制、拷問または脅迫による自白、不当に長く抑留または拘禁された後の自白その他任意にされたものでない疑いのある自白は、これを証拠とすることができない。」
第3項「前2項の自白には、起訴された犯罪について有罪であることを自認する場合も含む。」

このように憲法、刑事訴訟法は、自白の扱いに極めて厳格・慎重かつ周到な規定を置いて、個人の人権が安易に侵害されることのないようにしているわけですが、刑事司法に疎い私の偏見かも知れませんが、こうした自白に対する憲法・刑事訴訟法の関係規定の趣旨が捜査の現場や裁判の場においてきっちりと活かされる仕組みになっていないのではないかという疑問を持ちます。自白についてはもっと厳しい評価がなされるべきだと思います。

世間では、自分がやっていないのにやりましたなどと自白するのは、やったからこその結果ではないかと理解する人もいますが、そこはもう一歩下がって自白の行われる捜査環境と人間の弱さについても考えて欲しいと思います。捜査機関も安易に自白を求めることに急にならず、捜査本来の「法と証拠」に基づく捜査に徹してもらいたいと思います。そうすれば虚偽の自白は減少し冤罪も解消されるはずです。

目撃証言の信用性

目撃証言も時として重要な有罪認定の根拠となり得ます。それだけにその真実性は入念に吟味される必要があります。この目撃証言も証言する人は様々です。犯人とされた人の側の目撃者もあれば、被害者側の目撃者もあります。また、そのどちらにも関係しない目撃者もあります。人間の認知・知覚には、見間違いもありますし、聞き間違いもあります。認知・知覚の誤りは目撃した環境や状況（時間・天候・場所など）によっても生じます。いずれにしても、目撃証言の内容を精査してそこに推測や不確実な認識などが前提になっているとすれば、慎重な扱いが求められます。犯罪の証明に有力であるからという理由で安易に目撃証言を信用するようなことは避けるべきでしょう。捜査側に求められるのは目撃が誤ったものであるかどうかをしっかり検証して結論を出すべきで、捜査側に有利であるからといって扱いを決めるようなことは決して行うべきではないでしょう。ここでも「真実探求」が第一の条件となります。誤った目撃証言の怖さには敏感でなければならないのです。

人間の先入感

心理学では、人間は「**確証バイアス**」から逃れられないと言われています。この確証バイアスとは、自分が抱いた予測や期待に合致する情報を選択して物事を認知する傾向を指します。また、人間は形成した信念やアイデアに固執し、自らの予想や期待に合う情報を無意識のうちに選択し、矛盾する事実や情報を見逃す傾向があるというものです。捜査官が犯罪のストーリーを作り上げ、ひたすらそれに必要な情報のみ集めようとし、それに矛盾する情報は信頼性があっても無視するのです。それを自白によって達成しようとする強い傾向を備えているものと言えます。冤罪事件にはこの種の捜査が原因となったものがあります。いわゆる「見込み捜査」もこの範疇に入るのかもしれません。捜査に入るには白紙の状態で臨むのが基本でなければなりません。一方的な思い込みによる捜査からは真実が明らかとなるのは極めて難しく、冤罪を呼び込む要因となる可能性は高いと自覚する必要があるでしょう。

別件逮捕の濫用

別件逮捕とは、捜査機関が取り調べたい事件について、逮捕の要件が整っていないため、軽微な別の事件で逮捕し、その余罪捜査という形で本来の目的としていた事件について取り調べる捜査手法のことを意味します。例えばA殺人事件について甲を容疑者として逮捕して取り調べたいがA事件についての逮捕の要件が整っていないため、甲についてより軽微な窃盗事件なら逮捕の要件を満たしている場合、この窃盗事件で逮捕し、その余罪捜査として目的としている殺人事件について取り調べたりします。

このやり方は一見すると、形式的には適法のように見えますが、本来目的としている事件に対する逮捕の厳しい法規制をかいくぐるという側面を持っています。学説でも古くから別件逮捕を令状主義（逮捕令状）に違反する違法な逮捕とする意見も多く、判例にも違法と判断するものもあるようです。

この問題の核心は、逮捕・勾留された被疑事実（窃盗）と取り調べられている事実（殺人）の関係には留意されるべき点だと思います。逮捕・勾留事実と無関係な事実の方を主として取り調べるような場合については、違法な別件逮捕の可能性が強くなります。そのような手段を使って、本丸事件の捜査に集中することを認めると「冤罪」の要因になる可能性は十分にあり得るので、その運用は厳格にすべきです。参考条文として、刑事訴訟法第199条を掲げておきます。

刑事訴訟法第199条

第1項「検察官、検察事務官又は司法警察職員は、被疑者が罪を犯したことを疑うに足りる相当な理由があるときは、裁判官のあらかじめ発する逮捕状により、これを逮捕することができる。」（以下略）

そして、この場合の裁判官の発する逮捕状の発付の必要性と妥当性については厳格な審査を望みたいと思います。

7　再審制度における「検察官」と「法律」の問題

再審における証拠開示問題

私は本章で過去の主要な冤罪事件の内容を読み、2つの問題点に気付かされました。1つは、**再審手続における証拠開示の問題**であり、もう1つは、**再審開始決定に対する検察官の抗告の問題**です。少なくともこの2つの問題が現在の再審裁判において再審請求側にとって克服されるべき問題点であることを自覚的に学びました。そこで、ここからはこの2つのテーマについて、弁護士や学者の皆さんが現在議論している要点をまとめて、読者の皆さんの参考に供したいと思います。

ここでは、この問題に懸命に取り組んでいる日本弁護士連合会再審における証拠開示に関する特別部会部会長を務めておられる鴨志田祐美弁護士の論稿を参考にさせていただきます(『隠された証拠が冤罪を晴らす』現代人文社刊、2018年、2頁以下)。とても分かりやすく書かれているので素人の私たちにもよく理解できると思います。そもそも「再審における証拠開示」とは、どのような問題なのでしょうか。

読者のみなさまは、刑事裁判では捜査機関（警察・検察）が収集したすべての証拠が裁判所に提出されていると思っているのではないでしょうか、実はそうではありません。通常の刑事裁判（確定審）において、検察官は被告人の処罰を求めて起訴します。したがって、集めた証拠のうち被告人を有罪とするための証拠は出しますが、被告人に有利な証拠、つまり被告人が無罪になる方向の証拠は出さないのが普通です。弁護人は検察官に対し、被告人に有利な証拠も開示するよう求めるのですが、検察官はなかなかそのような証拠を出してくれません。今の制度では捜査機関が収集したすべての証拠を弁護人に開示することも、裁判所に提出することも義務づけられていないのです。従って、捜査機関が集めた証拠の中に、被告人の無罪を証明する方向に働く証拠があったとしても、それらは裁判所に提出されず、捜査機関内に残されたままとなっていることがあります。このような、確定審の段階で裁判所に提出されなかった証拠を「**公判未提出証拠**」といいます。

「再審における証拠開示」とは、この公判未提出証拠が再審請求の中で開示されることをいいます。誤った有罪判決を是正し、無実の者を冤罪から救い出す最後のチャンスとして、まさに「無辜（無実の人）の救済」を目的とする再審請求の場面では確定審のときには捜査機関が提出していなかったものも含めて、すべての証拠が吟味されるべきではないでしょうか。

では、現在行われている再審請求において、証拠開示はどのように進められているのでしょうか。無罪を主張する再審請求人またはその弁護人の請求により、検察官が任意に開示する場合もありますが、再審請求人・弁護人の請求を受けた裁判所が訴訟指揮権に基づいて開示勧告を行い、これを受けた検察官によって証拠が開示される、というプロセスを経ることが多いのが実情です。

近年では、布川事件、東京電力女性社員殺害事件、袴田事件、松橋事件など、捜査段階で既に収集されていた無罪方向の証拠が、再審開始や再審無罪を導くケースが増えていることで、再審における証拠開示の重要性が認識されるようになりました。

ただし、現行刑事訴訟法には、再審段階での証拠開示制度に関する手続規定がないため、裁判所が証拠開示に向けた訴訟指揮を行うか否かは、その事件を審理する裁判所の裁量、すなわち「さじ加減」に委ねられてしまっているわけです。しかし、冤罪被害者が自らの無実を晴らすべく命を賭けて闘っているなかで、証拠開示が進むことで再審が開始されるのか、逆に証拠が開示されずに再審が認められないままで終わるのかが、担当裁判官の「さじ加減」で決まってしまうのは、あまりにも不公平です。私（鴨志田弁護士）が弁護人を務める宇崎事件の第2次再審請求では、地裁と高裁とで証拠開示をめぐる裁判官の対応の違いが驚くほど顕著でした。そのような経験から、私はこの問題を**「再審格差」**と名付けました。

「再審格差」の根本的是正のためには、なによりもまず、再審における証拠開示手続を立法化することが喫緊の課題です。ところが、2016年の刑事訴訟法の改正のときには、再審請求審における証拠開示について様々な議論がなされたものの、結局、立法化は見送られてしまいました。

もっとも、この2016年改正刑事訴訟法の附則9条3項に「政府は、この法律の公布後、必要に応じ、すみやかに、再審請求審における証拠の開示（中略）などについて検討を行うものとする。」との条項が設けられたことから、現在、この附則に基づき、再審における証拠開示に関する立法についての議論がさまざまな形で始められているところです。

「再審における証拠開示問題の基本的なこと」についてとても分かりやすく学ぶことができました。再審における証拠開示請求がなぜおこなわれ、その請求に応えるか否かは検察官の胸三寸にあるなどというのはそれが再審裁判の行方を左右するとともに、刑事訴訟の目的である「実体的真実の発見」の理念に背くのではないかという強い疑問を持ちました。

既に行われた再審裁判でも証拠開示請求に応じたことが無罪を導く要因となったものもあり、これは是非とも立法により採用して欲しい論点と理解しました。それともう1つは証拠開示請求に対する裁判官の対応に異なる点があるのはなぜでしょうか。鴨志田弁護士もご自身の体験から地裁と高裁の裁判官でその対応の差が驚くべきものであったと言われています。これは個々の裁判官の資質にもよると思われますが、私は対応が分かれる要因はその裁判官の「人権感覚」が大きく作用しているのではないかと推測しています。裁判官の全てが人権感覚に富んでいるとは思えません。裁判官の裁量により本来救われるべき人がその機会を失うことなどあってはならないことであり、この再審における証拠開示請求の法的位置づけが明確にされるよう立法化されることを心から期待しています。

検察官抗告の問題

本章の冒頭部分では、冤罪事件の主要なものについて日弁連の資料を参考にその内容を素描してきました。そして、それらの事件における再審開始決定の裁判について、検察官はほとんど全ての決定に対して抗告などの異議申立てを行っていることに気が付きました。どうしてこんなに再審決定の裁判に異議の申立てをするのだろうかと疑問を感じざるを得ません。もちろん、再審決定に対して検察官の異議の申立ては刑事訴訟法４５０条で認められているので、検察官が異議の申立てをすること自体はなにも問題はありません。しかし、再審決定の裁判に対して、ほとんど例外なしに異議の申立てを繰り返す理由は何だろうかと疑問は尽きません。そして、その異議の申立ての連発が事件の審理を異常に長引かせ、事案によっては、再審請求人が死亡したり、認知症に罹患するという事件もありました。そのような弊害が現実に生じていても、依然として異議の申立てが繰り返されるのはなぜでしょうか。「実体的真実の発見」よりも再審開始決定に対する「不満」と「意地」を重視しているのでしょうか。素人にはその理由がわかりませんでしたが、何かおかしいという感覚だけが残ります。

このような再審開始決定に対して検察官が不服を申し立てる問題のことを、**検察官抗告の問**

題と言います。論者によりますと、かつては、再審開始決定に対して検察官が抗告する例は、多くはなかったとされています。ところが、死刑事件である免田事件、財田川事件などについては、これらの事件について再審開始決定がされると、検察官は抗告する姿勢を明確にしました。ちなみに前記の事件などはいずれも再審無罪判決が確定しているものです。

特に2000年代に入ってからは、地裁が行った再審開始決定に対する即時抗告に加え、高裁が行った再審開始方向の決定に対する特別抗告が多く見られるとされています(『見直そう！再審のルール』現代人文社・2023年・112頁)。

考えてみると、再審開始決定がされたということは、確定判決の事実認定に合理的な疑いが生じたことを意味します。そうであれば、可及的速やかに再審公判に移ることが予定されているはずです。検察官も、「公益の代表者」として「実体的真実の発見」に努めなければならないはずです。ところが、検察官抗告によって再審請求審が長期化し、再審公判がなかなか開かれないという事態が生じているのが現状です。再審裁判の長期化、再審請求人の高齢化、高齢者特有の疾病の罹患、場合によれば再審公判中の当事者の死亡なども起こり得ます。それ自体が重大な人権侵害ともいうべきでしょう。そして、このように考えると、この検察官抗告の問題も立法的に改革し、基本的にはそれの禁止に踏み込むことも喫緊の課題として位置づけるべきではないでしょうか。

再審制度が持つ制度的問題

刑事事件の再審は、人権擁護の理念に基づいて、裁判により有罪の確定判決を受けた冤罪被害者を迅速に救済することを目的とする制度です。しかし、我が国では、再審が認められるのは極めて稀であり、この点は必ずしも刑事訴訟法の「実体的真実の発見」という目的からはかなり離れた状況にあると言えそうです。

日弁連によれば、その原因は決して各事件固有の問題ではなく、１９４８年に現行の刑事訴訟法（昭和23年法律第１３１号）が施行されて74年を経過した現在においても、再審法（刑事訴訟法第４編再審）の規定がわずか19条しか存在しないという、現在の再審制度が抱える制度的・構造的問題にあると指摘されています。

１日も早い改革に向けて審議検討が行われ、無実の罪を着せられた人々に希望の光が届くような内容の立法の実現を期待したいと思います。

おわりに

我が国における人権状況は大変厳しいものがあると言えます。とりわけ「女性の法的地位の確立」の問題と「女性に対する人権侵害事例の増加」の問題は、座視することが許されない状況にあると認識することが重要となっています。報道によれば、世界銀行は、2024年3月4日、190ヵ国・地域の法制度が男性に与える権利を100としたとき、女性は平均64・2%しか法的な保護を受けられていないとする報告書を発表しました。前年の77・1%から大幅に後退しています。国・地域別では日本の格差は72・5と**世界73位**で、主要先進国では最大の男女格差を法制度上許しているとされています（2024年3月6日付け朝日新聞）。ちなみに、今回の調査で首位となったのはイタリアでは、男性が得られる法的な権利の95%を女性に保障していたとされています。日本の政権はこの結果をどう見るのでしょうか？

ところで、これは法制度面における現状を指摘したものですが、他方、女性をも含めた現実の人権侵害事例も多発の傾向は収まりません。

人権侵害の是正の問題は、このように1つは、法制度面における改革改善の問題と、もう1つは、現実に起きている人権侵害事件の減少化と防止の問題の2つの側面でのアプローチが必要です。そして、この2つの視点における人権問題の動向を極めて概括的に捉えてみると、法制度の側面では、大きな流れとして、裁判における司法の判断が「**個人の尊厳**」という憲法上の大原則を重視するようになったと言うことができるかと思います。

憲法は周知のとおり、第3章「国民の権利及び義務」の項中、第13条において「**すべて国民は、個人として尊重される。生命、自由及び幸福追求に対する国民の権利については、公共の福祉に反しない限り、立法その他の国政の上で、最大の尊重を必要とする。**」と規定しています。そして、もう1つ**憲法第24条第2項**では「配偶者の選択、財産権、相続、住居の選定、離婚並びに**婚姻及び家族に関するその他の事項に関しては、法律は、個人の尊厳と両性の本質的平等に立脚して、制定されなければならない。**」としています。こうした規定は単に立法の際の遵守規定としてだけでなく、訴訟事件における法解釈に際しても当然に斟酌・尊重されるべき規定であると言えましょう。

こうした基本規定が訴訟で問題となるとき、従来はどちらかと言えば、積極的に評価され取り上げられることはあまり多くはありませんでした。しかし、最近の判例のなかではこの点に関する確実な変化が生まれています。本文の中でも詳しく触れていますが、ここで簡単に、2つ紹介しておきます。

まず2023年10月25日にありました「生殖不能要件」(性同一性障害者特例法第3条1項4号)の合憲違憲をめぐる訴訟で、最高裁はこの規定を「**違憲**」としました。その判決の中で

「自己の意思に反して身体への侵襲を受けない自由は、**人格的生存に関わる重要な権利として憲法13条で保障されている。**性同一性障害者がその性自認に従った法令上の性別の取扱いを受けることは、戸籍上の性別が社会生活上の多様な場面で個人の基本的な属性の1つとして扱われており、**個人の人格的存在と結びついた重要な法的利益というべきだ**」としています。

また、同性婚を認めないのは「**違憲**」とした2024年3月14日の札幌高裁控訴審判決は、まず憲法24条1項について、「両性の合意のみに基づいて成立する」と定めるが、24条2項では、婚姻や家族に関する法律を「個人の尊厳と両性の本質的平等に立脚して制定されなければならない」としているとし、**1項は、「両性」という文言だけでなく、目的も踏まえて解釈すべきだと指摘し、人と人との自由な結びつきとしての婚姻を定めている**としています。つまり、**同性間の婚姻も異性間と同じ程度に保障されている**としています。その根拠の1つとして「**個人の尊厳**」規定が意識されていることは明らかです。そして、同性婚を認めない現行規定は「**個人の尊厳を成す人格が損なわれる事態となっている**」と指摘しています。こうした判例を見ても、憲法の「個人の尊厳」規定が確実に陽の目を見る展開に移りつつあるように思います。この流れは止まらないでしょう。選択的夫婦別姓訴訟も第三次の違憲訴訟が提起されましたが、この訴訟などは「**個人の尊厳**」がキーワードであり、その行方に注目しています。私は違憲判決の実現に強い期待を抱いています。

次に、現実に起こる多種多様な人権侵犯事件について少し触れておきたいと思います。人権侵犯事件の防止のための最大の手段はいささか迂遠かも知れませんが、国民に対する絶えざる**「啓発活動」**の活発化によるのがベストだと思います。現在は、法務省の人権擁護局とその出先機関である法務局・地方法務局の人権擁護部・人権擁護課がその中心的役割を担っています。しかし、組織が小さく、担当職員も少ないことから必ずしも所期の効果が上がっているとはいえないのが現実です。しかし、人権侵害事件に関してみれば、2023年の統計では、人権侵害があったとして、被害救済への手続を始めた件数が8962件だったと伝えられています。主要な事案は、①プライバシー侵害、②パワーハラスメント、③いじめ事件などが続いているようです。こうした事件処理は、少数精鋭のスタッフの努力の賜物であり、この件数処理には敬意を表したいと思います。

また、関連して人権擁護委員制度についても少し触れておく必要があると思います。この制度は、さまざまな分野の人たちが、人権思想を広め、地域の中で人権が侵害されないように配慮して人権を擁護していくことが望ましいという考え方から設けられたもので、他国には例をみないユニークな制度であり、現在全国で1万4000人くらいの人が法務大臣の委嘱を受けて活躍しています。その存在意義も一定程度の評価が可能だと思います。啓発についてはまだまだ課題も多く改善が必要と思われますが、乏しい予算の制約もあり困難な側面もあると思います。

しかし、人権侵害事件への対応にしろ、啓発活動の充実策など、今日の日本における人権をめぐる状況を抜本的に改革する必要があることは論ずるまでもありません。基本的認識としては、日本社会で起こっている「人権侵害事例」「人権意識の脆弱さ」が、日本の社会構造の1つだとして、対応する必要があると思います。そのためには独立性の強い国家人権擁護機関の創設がぜひとも必要でしょう。しかしこれらの実現にはかなりの時間がかかり、当分は現行の体制で対応していくほかありません。

もちろん、日本弁護士連合会をはじめとして民間の人権擁護活動をされている様々の団体・組織・個人の皆さんの人権擁護活動も大きな「力」としてこの問題に貢献されていることも忘れてはならないと思います。民主主義社会の土台は、全ての人が同じ権利を持つ個人として、互いに尊重し合うことにあります。狭い価値観で一方的に他者を排除するのではなく、自己が大事であるように、他者（勿論外国人も含めて）に寛容な社会を作り上げていくことが必要です。1人1人のこうした行動、行動への努力が蝸牛の歩みのようなものであったとしても、確実に社会を明るいものにしていくことになるのは疑いのないことです。

最後に一言。これからの社会は、人間関係をとらえるときに、男対女の視点ではなく、人間対人間の視点でとらえることを第一義的に心がけることが肝要ではないかと思っています。

本書は、人権侵害事例の中から12の項目をピックアップして、それぞれの事案の内容、問題点、司法・関係省庁などの判断などを含めて、読者の皆さんが現実に起こっている事例をもとに「人権問題」について理解していただく際の参考になればと思い手掛けたものです。いささかでも興味と問題意識をお持ちいただければ望外の幸せです。なお、本書が想定している読者層は、市民の皆さんを意識していますが、それ以外にも、現に人権擁護行政に携わる人や人権擁護委員の皆さんにも是非目をとおしていただきたいと念じています。

　本書の刊行に当たっては、㈱花伝社の平田勝社長のご理解とご支援を賜わりました。また出版に際しては同社編集部の大澤茉実氏と濵田輝《きら》氏のきめ細かなお力添えをいただきました。心からお礼申し上げます。

２０２４年　７月

澤田省三

澤田省三（さわだ・しょうぞう）
1936年兵庫県豊岡市出身。関西大学大学院法学研究科修士課程中退、法務省入省。法務大臣官房長付、法務省民事局補佐官、法務省東京法務局人権擁護部第二課長等を経て、鹿児島女子大学教授、志學館大学法学部教授、同図書館長、同特任教授、中京大学法科大学院教授、市町村職員中央研修所講師、全国国際文化研修所講師等歴任。

主な著書
『夫婦別氏論と戸籍問題』（ぎょうせい・1990年）
『家族法と戸籍をめぐる若干の問題』（テイハン・2000年）
細川清・海老原良宗共編『家族法と戸籍――その現在及び将来――戸籍誌第500号記念論文集』（テイハン・1985年）
野田愛子・梶村太市総編集『新家族法実務大系（２）』（新日本法規出版・2008年）
『私の漱石ノート』（花伝社・2014年）
『法の適用に関する通則法と渉外戸籍事件』（テイハン・2020年）
『新版親族法概論』（テイハン・2023年）
その他著書・論文多数

「多様性時代」の人権感覚――実例に学ぶ人権ノート

2024年7月25日　　初版第１刷発行

著者 ――澤田省三
発行者 ―平田　勝
発行 ――花伝社
発売 ――共栄書房
〒101-0065　東京都千代田区西神田2-5-11出版輸送ビル2F
電話　03-3263-3813
FAX　03-3239-8272
E-mail　info@kadensha.net
URL　https://www.kadensha.net
振替 ――00140-6-59661
装幀 ――北田雄一郎
印刷・製本―中央精版印刷株式会社

ISBN978-4-7634-2126-5 C0036